Kinder bilden Sprache – Sprache bildet Kinder

Kinder bilden Sprache – Sprache bildet Kinder

Sprachentwicklung und Sprachförderung
in Kindertagesstätten

Waxmann 2009
Münster / New York / München / Berlin

Impressum

Ministerium für Generationen, Familie, Frauen
und Integration des Landes Nordrhein-Westfalen
Referat Öffentlichkeitsarbeit
Horionplatz 1, 40213 Düsseldorf
Telefon 0211 861850
info@mgffi.nrw.de
www.mgffi.nrw.de

Redaktion
Institut für soziale Arbeit e.V., Münster

Umschlaggestaltung
KJM Agentur, Münster

Titelbild
www.f1online.de

Satz
Stoddart Satz- und Layoutservice, Münster

Druck
Druckhaus Tecklenborg, Steinfurt
Gedruckt auf alterungsbeständigem Papier,
säurefrei gemäß ISO 9706

© 2009/MGFFI 1077

ISBN 978-3-8309-2192-9
© Waxmann Verlag GmbH, 2009
www.waxmann.com
order@waxmann.com

Die Druckfassung kann bestellt werden:

– im Internet: www.mgffi.nrw.de/publikationen
– telefonisch: 01803-100110
                  C@ll-NRW (9 Cent/Min.*)
                  (*aus dem Festnetz der Deutschen Telekom AG)

Bitte die Veröffentlichungsnummer 1077 angeben.

Bibliografische Informationen der Deutschen Nationalbibliothek
Die Deutsche Nationalbibliothek verzeichnet diese Publikation in
der Deutschen Nationalbibliografie; detaillierte bibliografische
Daten sind im Internet über http://dnb.d-nb.de abrufbar.

Alle Rechte vorbehalten
Printed in Germany

Vorwort

Nur wenn Kinder über gute Kenntnisse der deutschen Sprache verfügen, können sie dem Geschehen in der Kindertageseinrichtung problemlos folgen und später auch am Unterricht in der Schule erfolgreich teilnehmen. Deshalb ist die Sprachförderung in der frühkindlichen Bildung besonders wichtig.

Sprache ist der Schlüssel zur Bildung und zur Integration.
Auf die Förderung der Sprachentwicklung von Kindern legt die Landesregierung Nordrhein-Westfalens aus diesem Grund besonderes Gewicht. Mit dem neuen Kinderbildungsgesetz ist die Sprachförderung als Schwerpunkt der frühkindlichen Bildungsarbeit erstmalig gesetzlich verankert worden. Ebenfalls mit dem Kinderbildungsgesetz geregelt ist die Finanzierung zusätzlicher, individueller Sprachfördermaßnahmen. Sie kommen allen Kindern zugute, bei denen sich in den verpflichtenden Sprachtests zwei Jahre vor der Einschulung ein besonderer Bedarf an Unterstützung zeigt. Aber die Sprachförderung findet natürlich nicht nur im Rahmen gesonderter Förderangebote statt, sondern ist ein fester Bestandteil in allen Bildungsbereichen der Tageseinrichtungen für Kinder.

Auf dem landesweiten Kongress „Kinder bilden Sprache – Sprache bildet Kinder", der am 4. November 2008 in Recklinghausen stattfand, haben Fachleute aus Wissenschaft und Praxis über Wege und Möglichkeiten diskutiert, wie Sprachförderung in allen Bildungsbereichen von Kindertageseinrichtungen noch wirksamer werden kann. In diesem Band werden die Beiträge des Kongresses dokumentiert. Ich danke den Autorinnen und Autoren für ihre Bereitschaft, ihre Beiträge für diese Dokumentation zur Verfügung zu stellen, und hoffe, dass viele Leserinnen und Leser darin nützliche Anregungen finden.

Armin Laschet
Minister für Generationen, Familie, Frauen und Integration
des Landes Nordrhein-Westfalen

Inhalt

Rede des Ministers für Generationen, Familie,
Frauen und Integration des Landes Nordrhein-Westfalen 9

Karin Jampert
Kinder – Sprache/n stärken! 21

Lilian Fried
Sprache – Sprachförderung – Sprachförderkompetenz 35

Petra Hanke und Benedikt Rathmer
Kooperation zwischen Kindertageseinrichtungen und Grundschulen
im Kontext der Sprachstandsdiagnose Delfin 4 –
Konzeption des TransKiGs-Projektes NRW (Phase II) 57

Renate Zimmer
Sprache und Bewegung 71

Gisela Eibeck/Christoph Lorentz
Sprachförderung durch Musik 81

Gisela Lück
Naturwissenschaftliche Bildung und Sprachförderung 91

Daniela Braun
Sprache und kreatives Gestalten 105

Karin Jampert/Anne Zehnbauer
Sprachförderung in allen Bildungsbereichen 127

Tanris Breitkopf
Bedeutung der Elternbildung im Hinblick auf
sprachliche Förderung im Elternhaus 149

Programm des Kongresses vom 4. November 2008 163

Rede
von Herrn Minister Armin Laschet
anlässlich des Landeskongresses

„Kinder bilden Sprache – Sprache bildet Kinder"

am 4. November 2008 in Recklinghausen

Integration braucht Sprachförderung

Sehr geehrter Herr Bürgermeister Pantförder,
sehr geehrte Damen und Herren,

ich möchte Sie alle ganz herzlich begrüßen.

Dass heute rund 900 Teilnehmerinnen und Teilnehmer der Einladung ins Festspielhaus gefolgt sind, zeigt mir, dass das Thema Sprachförderung in den Kindertageseinrichtungen Nordrhein-Westfalens höchste Priorität genießt. Wie wichtig die Sprachförderung vor allem für Kinder mit Zuwanderungsgeschichte ist, das ist auch deutlich geworden, als sich in der vergangenen Woche in Bonn ebenso viele (nämlich über 800) Migrationsexpertinnen und -experten aus aller Welt zur Metropoliskonferenz getroffen haben. Auch da ist deutlich gesagt worden: Sprache ist der Schlüssel zur Integration.

Genau das hat auch der türkische Staatspräsident Abdullah Gül bei seinem Besuch der Frankfurter Buchmesse im Oktober dieses Jahres betont. Es ist ja keineswegs selbstverständlich, dass ein türkischer Politiker seinen Landsleuten in Deutschland sagt: „Lernt Deutsch". Das ist ein ganz wichtiges Signal an die Familien, die Wurzeln in der Türkei haben. Ich bin mir sicher, dass auch bei den Eltern von Zuwandererkindern die Einsicht wächst, dass ihre Kinder Deutsch lernen müssen.

Die jüngsten Anmeldezahlen deuten tatsächlich darauf hin, dass *mehr* Eltern mit Zuwanderungsgeschichte ihre Kinder in die Kindertageseinrichtungen bringen. Im neuen Kindergartenjahr ist die Zahl der Anmeldungen vor allem bei den Drei- und Vierjährigen um 30.000 gestiegen. Hier hat sicherlich auch der Sprachstandstest einen Beitrag geleistet.

Aktualität des Themas Bildung

Auch wenn die Schlagzeilen in diesen Wochen vorrangig von der globalen Finanzkrise beherrscht werden, ist Bildung zurzeit auf allen politischen Ebenen ein zentrales Thema. Das zeigt zum Beispiel der Nationale Bildungsgipfel, zu dem sich die Bundeskanzlerin und die Ministerpräsidenten der Länder am 22. Oktober 2008 in Dresden *erstmals* getroffen haben. Manche sagen ja: Da ist nicht viel bei herumgekommen. Außer Spesen nix gewesen. Ich bin der Meinung: Das stimmt nicht.

Ich möchte nur auf *einen* Beschluss der Konferenz hinweisen. Da heißt es sinngemäß: „Der Bildungsauftrag im Kindergartenalter soll gestärkt werden." Das ist Rückenwind für Ihre Arbeit in den Kindertagesstätten! Und ebenso wurde in Dresden festgestellt, dass es eine wichtige Aufgabe der Politik ist, dafür zu sorgen, dass es ausreichende und qualifizierte Angebote zur Sprachförderung gibt.

Lieber Herr Bürgermeister, in einer Stadt wie Recklinghausen ist das schon länger ein Thema. Denn Recklinghausen gehört als Stadt im nördlichen Ruhrgebiet zu den Kommunen, in denen eine große Zahl von Zuwanderern lebt. Und deshalb ist hier die Notwendigkeit besonders groß, alle Kinder, die das brauchen, beim Erlernen der deutschen Sprache besonders zu unterstützen.

Darauf hat die Stadt Recklinghausen reagiert. Sie gehört zu den Kommunen in Nordrhein-Westfalen, die schon früh einen Schwerpunkt in der frühkindlichen Bildung und vor allem auch in der Sprachförderung gelegt haben. Deshalb freue ich mich, dass die Stadt Recklinghausen gemeinsam mit dem Institut für Soziale Arbeit und dem Familienministerium den heutigen landesweiten Kongress zum Thema „Sprachförderung in Kindertageseinrichtungen" durchführt.

Sprachförderung – Schwerpunkt der Landesregierung

Die Sprachförderung ist auch für die Landesregierung ein besonders wichtiges Anliegen. Als wir im Mai 2005 die Regierungsverantwortung übernommen haben, haben wir die Verbesserung der Bildungschancen aller Kinder zu einem der zentralen Ziele unserer Politik erklärt. Wir haben *erstens* gesagt: Nordrhein-Westfalen soll das kinder- und familienfreundlichste Land werden. Und *zweitens*: Wir wollen das Land der neuen Integrationschancen werden. Beide Ziele gehören zusammen: Für beide Ziele ist die Sprache von größter Bedeutung.

Denn gesellschaftliche Teilhabe, die Chance, im Bildungssystem, im Erwerbsleben Erfolg zu haben, hängt entscheidend davon ab, ob man die deutsche Sprache beherrscht. Wer bei der Einschulung nicht gut Deutsch spricht, der hat kaum Chancen, sich am Unterricht zu beteiligen. Ohne gute Deutschkenntnisse hat man es in der Schule von Anfang an sehr schwer. Häufig schaffen solche Schülerinnen und Schüler dann auch keinen Schulabschluss. Im Jahr 2006 waren es mehr als 75.000 Jugendliche, das sind 7,9 Prozent des Jahrgangs (76.249 Jugendliche haben im vergangenen Jahr ihre Schule ohne Hauptschulabschluss verlassen, 7,9 Prozent des Altersjahrganges. Quelle: KMK, zitiert nach Spiegel-Online vom 26.12.2007).

Aber damit nicht genug: Ohne Schulabschluss besteht kaum Aussicht auf einen Ausbildungsplatz, und ohne Berufsausbildung sind die Chancen auf dem Arbeitsmarkt nahezu gleich Null. Trotz der anhaltend guten Entwicklung auf dem Arbeitsmarkt, obwohl wir erstmals seit 16 Jahren weniger als 3 Millionen Arbeitslose haben, ist das Risiko, arbeitslos zu werden, für einen Menschen ohne Berufsabschluss um ein Vielfaches höher als für Menschen mit einer abgeschlossenen Berufsausbildung.

Gerade für viele Zuwandererkinder besteht die Gefahr, dass sie in den Bildungsinstitutionen scheitern. Das gilt ganz besonders für jene Kinder, in deren Familien kaum Deutsch gesprochen wird. Nur in 50 Prozent der Familien mit Zuwanderungsgeschichte ist die Umgangssprache Deutsch; bei den türkischen Familien wird sogar nur in *jeder vierten* Deutsch gesprochen. Hinzu kommt, dass in vielen Kindertageseinrichtungen und Schulen 50, 70, zum Teil sogar mehr als 90 Prozent der Kinder eine Zuwanderungsgeschichte haben. Für manche Kinder ist die Erzieherin, der Erzieher die erste und oft auch einzige Person, die Deutsch spricht. Unter diesen Bedingungen ist es für viele Kinder denkbar schwer, die deutsche Sprache zu erlernen.

Aber es sind nicht nur Kinder aus Zuwandererfamilien, die sich mit der deutschen Sprache schwer tun. Auch viele Kinder mit *deutschen* Eltern brauchen zusätzliche Sprachförderung. Das wissen Sie alle aus Ihrer Praxis, und die Sprachstandsfeststellungen, die wir in diesem Jahr zum zweiten Mal durchgeführt haben, bestätigen das. Offensichtlich bleibt es nicht ohne Folgen, wenn im Elternhaus die Gespräche mehr und mehr verstummen: weil beim Abendessen nicht geredet wird, sondern der Fernseher die Familie unterhält, wenn nicht vorgelesen wird und das wortlose Spielen am Computer oder mit der Playstation Kommunikation verhindert. Deshalb müssen wir *alle* Kinder, die das brauchen, beim Erwerb der deutschen Sprache gezielt fördern. Und zwar von Anfang an.

Deshalb ist die frühkindliche Förderung, die Bildungsarbeit in den Kindertageseinrichtungen, von entscheidender Bedeutung. Dabei fangen wir natürlich nicht bei Null an. Sprachförderung gehört schon lange zur pädagogischen Praxis in vielen Kindertagesstätten. Übrigens auch die Förderung der Mehrsprachigkeit. Auch sie ist wichtig, weil gerade Zuwandererkinder daraus einen echten *Vorteil* entwickeln können: Es fällt ihnen leichter, weitere Fremdsprachen zu erlernen. Und wer in zwei Sprachen zuhause ist, der ist auch als Arbeitnehmerin oder Arbeitnehmer besonders gefragt.

Neue Chancen durch bessere Bildung

Wir wollen unsere Anstrengungen für bessere Bildungschancen weiter intensivieren. Damit fangen wir bei den Jüngsten an, bei den Kindern im Elementarbereich. Im Mittelpunkt steht für uns dabei die Verbesserung der Angebote im Bereich der frühen Förderung. Das haben wir in den letzten drei Jahren auch konkret umgesetzt.
Ich nenne:
- die erstmals gesetzlich verankerte Sprachstandsfeststellung für alle Vierjährigen;
- damit einhergehend die zusätzliche individuelle Sprachförderung für alle Kinder, die das brauchen;
- die Weiterentwicklung von bislang 1.500 Kindertageseinrichtungen zu Familienzentren;
- die Vervierfachung des Betreuungsangebots für die Unter-Dreijährigen
- und das neue Kinderbildungsgesetz.

Kinderbildungsgesetz

Das Kinderbildungsgesetz legt den Schwerpunkt auf den Bildungsauftrag der Tageseinrichtungen für Kinder. Seit dem 1. August 2008 ist das Kinderbildungsgesetz in Kraft. Es löst das alte Gesetz über Tageseinrichtungen für Kinder ab, das noch aus dem Jahre 1993 stammt. Ich weiß, dass die Umsetzung des neuen Gesetzes für alle Beteiligten mit Veränderungen und Mühen verbunden ist. Deshalb möchte ich heute allen Erzieherinnen und Erziehern sowie den Verantwortlichen bei den Trägerverbänden und in den Kommunen herzlich danken, dass sie das neue Gesetz in kurzer Zeit und mit viel Engagement in die Praxis umsetzen.

Das Kinderbildungsgesetz entspricht den heutigen Anforderungen an die frühkindliche Bildung und Erziehung unserer Kinder ebenso wie den Wünschen und Ansprüchen der Eltern. Vor allem *vier* Ziele wollen wir mit dem Kinderbildungsgesetz erreichen:

1. Wir wollen noch bessere Bildung von Anfang an:
   Das Kinderbildungsgesetz stärkt und präzisiert den Bildungsauftrag der Kindertageseinrichtungen und es stellt die individuelle Förderung der Kinder in den Mittelpunkt. Deshalb ist im Gesetz die pädagogische Konzeption der Kindertageseinrichtung ebenso vorgeschrieben wie die verbindliche Beobachtung und Dokumentation des Bildungsprozesses des einzelnen Kindes.

2. Wir wollen die *ganze* Familie fördern:
   Mit dem Kinderbildungsgesetz haben wir überdies die Weiterentwicklung der Kindertageseinrichtungen zu Familienzentren geregelt. Unter dem Dach der Kindertagesstätten sollen Eltern und Kinder niedrig schwellige, ganzheitliche Hilfen finden. Die Familienzentren haben sich zu einem echten „Renner" entwickelt. Das Konzept wird mittlerweile auch in anderen Bundesländern übernommen.
   Innerhalb von zwei Jahren sind an die 1.000 zertifizierte Familienzentren entstanden. Am Ende dieses Kindergartenjahres werden es sogar rund 1.500 sein. Unser Ziel ist, dass im Kindergartenjahr 2012/2013 ein Drittel aller Kindertageseinrichtungen in Nordrhein-Westfalen Familienzentren sind.

3. Wir wollen den Bedürfnissen der Eltern Rechnung tragen:
   Eltern wünschen sich bestmögliche Förderung für ihre Kinder. Viele wollen Berufstätigkeit und Familie miteinander verbinden. Gerade für junge Frauen ist das ein Wunsch, den sie bisher nur schwer verwirklichen können. Sie wollen sich nicht zwischen Kindern und Karriere entscheiden, sondern sie wünschen sich Wahlfreiheit. Übrigens auch eine wachsende Zahl von Männern. Weil wir diese Wahlfreiheit ermöglichen wollen, haben wir ins Gesetz geschrieben, dass die Eltern zwischen verschiedenen Betreuungszeiten für ihre Kinder wählen können.

4. Wir wollen bessere Betreuung und Förderung der Unter-Dreijährigen:
   Auch mehr Betreuungsplätze für unter-dreijährige Kinder schaffen mehr Wahlfreiheit für junge Eltern. Ich will noch einmal daran erinnern: Im Jahr 2005 betrug die Versorgungsquote für die Unter-Dreijährigen 2,8 Prozent. Mit dem neuen KiBiz werden es im Jahr 2010 rund 20 Prozent sein. Sie können sich sicher noch gut daran erinnern: Unter dem alten GTK konnten zusätzliche Plätze für Unter-Dreijährige nur dann entstehen, wenn ein regulärer Platz für ein älteres Kind umgewandelt wurde.

Deshalb war Nordrhein-Westfalen im Mai 2005 bundesweit das Schlusslicht bei der Versorgung der Unter-Dreijährigen – mit dem KiBiz werden wir einen Platz im vorderen Drittel einnehmen. Und wir werden uns weiter steigern. Den Rechtsanspruch ab dem ersten Lebensjahr, der 2013 gelten soll, werden wir schaffen. Ebenso den Anspruch auf einen Betreuungsplatz für alle Kinder ab dem *zweiten* Lebensjahr. Er soll ab dem Kindergartenjahr 2010/2011 gemeinsam mit den kommunalen Spitzenverbänden verwirklicht werden.

Mehr Geld für mehr Sprachförderung

Vor allem die Finanzierung der Kindertagesbetreuung wurde auf eine neue Grundlage gestellt. Mit den Kindpauschalen haben wir ein gerechtes und transparentes Finanzierungssystem entwickelt, das zu den geänderten Anforderungen an die Kinderbetreuung passt. Das neue Finanzierungssystem stellt das einzelne Kind in den Mittelpunkt: Deshalb ist zum Beispiel die Kindpauschale für Kinder mit besonderem Förderbedarf *höher*, und darum gibt es mehr Geld für solche Einrichtungen, die in einem sozialen Brennpunkt liegen. Wir folgen damit dem Ansatz, den auch die Enquetekommission des Landtags, „Chancen für Kinder", empfohlen hat und deren Abschlussbericht wir vor vierzehn Tagen im Landtag diskutiert haben: nämlich „vom Kind her zu denken".

Das alles kostet viel Geld. Das Land, aber auch die Kommunen bringen erheblich mehr Mittel für die Kinderbetreuung und die frühe Förderung auf als unter dem alten GTK. Allein in diesem Jahr steigen die Ausgaben des Landes für die Kinderbetreuung um rund 200 Millionen Euro. Im Jahr 2008 wird das Land mehr als eine Milliarde Euro für Krippenplätze, Kindertageseinrichtungen, Familienzentren, Kindertagespflege und Sprachförderung ausgeben. Ganz genau werden es 1,023 Milliarden Euro sein – mehr als je zuvor in der Geschichte des Landes Nordrhein-Westfalen und mehr als in jedem anderen Bundesland.

Mehr Geld für die Kinderbetreuung – das bedeutet auch, dass die Zahl der Erzieherinnen und Erzieher steigt. Kritiker hatten behauptet, dass es künftig weniger Personal in den Kindertageseinrichtungen geben werde. Die Meldungen aus den Kommunen zeigen, dass das nicht stimmt. Es werden *mehr* Fachkräfte eingestellt: Berechnungen zufolge werden landesweit rund 7.400 Vollzeitarbeitsplätze für Erzieherinnen und Erzieher entstehen.

Auch Ergänzungskräfte haben unter dem Kinderbildungsgesetz eine Zukunft. Ich halte es aber für wichtig, dass sich die Ergänzungskräfte weiter qualifizieren. Das sieht auch die Personalvereinbarung so vor. Entsprechende Fortbildungskonzepte werden gegenwärtig entwickelt, damit sich Ergänzungskräfte berufsbegleitend zu Erzieherinnen und Erziehern ausbilden lassen können. Gemeinsam mit dem Schulministerium haben wir in den letzten Wochen ein solches Programm für eine berufsbegleitende Erzieherinnen- und Erzieherausbildung im Landtag vorgestellt.

Gesetzliche Grundlage der Sprachstandsfeststellung

Mehr Geld, mehr Plätze, mehr Personal – das sind drei Ziele, die wir mit dem Kinderbildungsgesetz erreichen wollen. Ein *viertes* Ziel kommt hinzu: mehr Qualität, mehr Bildung.

Ich habe großen Respekt vor dem, was bislang schon in den Kindertageseinrichtungen an Bildungsarbeit geleistet wird. Aber auch das, was gut ist, kann noch besser werden. Dabei setzen wir besonders auf die Sprachförderung: Jedes Kind soll über so gute Fähigkeiten in der deutschen Sprache verfügen, dass es dem Unterricht in der Schule problemlos folgen kann. Das setzt voraus, dass wir den Sprachstand aller Kinder kennen. Hierzu hat der Gesetzgeber im Schulgesetz festgeschrieben, dass der Sprachstand aller Kinder zwei Jahre vor der Einschulung festgestellt werden soll. Nun fragen manche: Warum im Schulgesetz? Und warum machen das nicht die Fachkräfte in den Kindertageseinrichtungen?

Ich weiß, dass sich viele Erzieherinnen und Erzieher wünschen, dass *sie* die Sprachstandserhebungen durchführen, und nicht Lehrerinnen und Lehrer aus den Grundschulen. Es ist überhaupt keine Frage, dass die Fachkräfte in den Kindertageseinrichtungen über die erforderliche Kompetenz hierfür verfügen. Aber es ist trotzdem nicht möglich. Den Grund dafür finden Sie in den geltenden Gesetzen.

Ich möchte Ihnen das kurz erklären: Kindertageseinrichtungen sind Einrichtungen der Jugendhilfe. Sie unterliegen dem Kinder- und Jugendhilferecht. Ein Grundprinzip der Jugendhilfe ist die Freiwilligkeit. Deshalb ist auch der Besuch einer Kindertageseinrichtung *freiwillig*. Die Teilnahme am Sprachstandstest dagegen ist *verpflichtend* für alle Kinder. Das war über das Kinder- und Jugendhilferecht nicht zu erreichen, sondern einzig über das Schulgesetz, als Vorgriff auf die Schulpflicht. Deshalb regelt nun das nordrhein-westfälische Schulgesetz (in Paragraph 36 Absatz 2), dass bei jedem Kind zwei Jahre vor der Einschulung der Sprachstand verbindlich festgestellt wird. Wird dabei festgestellt, dass ein Kind nicht über altersgemäße Kenntnisse der deutschen Sprache verfügt, muss es an einem verpflichtenden Angebot zur *zusätzlichen* Sprachförderung teilnehmen.

Erfahrungen der ersten beiden Durchläufe

Das ist die gesetzliche Grundlage, auf der im Jahr 2007 erstmals der Sprachstand aller Kinder in Nordrhein-Westfalen zwei Jahre vor der Einschulung erfasst wurde. Frau Professor Fried hat hierzu das Testinstrument und Verfahren entwickelt, das Sie unter dem Namen „DELFIN 4" kennen.

Bei den zwei bisher durchgeführten Sprachstandserhebungen haben im Jahr 2007 rund 177.000 Kinder und in diesem Jahr rund 161.000 Kinder teilgenommen – insgesamt rund 338.000 Kinder. Dass das in einem einwohnerstarken Land wie Nordrhein-Westfalen bereits beim ersten Durchlauf so gut geklappt hat, ist wesentlich auf das große Engagement aller Beteiligten zurückzuführen – vor allem auch auf die Kooperationsbereitschaft und den hohen persönlichen Einsatz der Beschäftigten in den Kindertageseinrichtungen und Schulen.

Hierfür danke ich Ihnen allen sehr herzlich!

Aber es hat natürlich – vor allem nach dem ersten Durchlauf – an der einen oder anderen Stelle auch gewisse Schwierigkeiten gegeben. Bei einem neuen Verfahren ist das kein Wunder. Wir haben daraufhin viele Hinweise erhalten, wie das Verfahren verbessert werden kann. Die Schulen und Träger der Kindertageseinrichtungen hatten wir im Rahmen von Evaluationsgesprächen ausdrücklich gebeten, uns ihre Erfahrungen mitzuteilen. Wir haben alle Anregungen gesichtet und darauf aufbauend das Verfahren zur Sprachstandsfeststellung im Jahr 2008 überarbeitet.

Vor allem war uns wichtig:
- den Aufwand insgesamt zu reduzieren,
- die Rolle der Erzieherinnen und Erzieher zu stärken
- und die notwendigen Informationen und Materialien früher und allen Beteiligten gleichzeitig zur Verfügung zu stellen.

Nicht zuletzt auch deshalb, damit sich Erzieherinnen und Erzieher und Lehrkräfte auch in dieser Hinsicht auf gleicher Augenhöhe begegnen, denn *beide* Fachkräfte sind wichtig, wenn das Verfahren funktionieren soll. Die Rückmeldungen, die ich in diesem Jahr erhalten habe, zeigen, dass das geänderte Verfahren gut ist und die Sprachstandstests reibungslos verlaufen.

Ein wichtiges Ergebnis der neuen Sprachstandserhebung möchte ich an dieser Stelle einmal besonders hervorheben: Mit dem Kinderbildungsgesetz ist es erstmals gelungen, die Kinder- und Jugendarbeit im Bereich der Kindertagesstätten mit der Schule gesetzlich zu verzahnen. Angefangen bei dem Datenaustausch, über die Finanzierung, bis hin zur Rückmeldung über die regelmäßige Teilnahme können Schule und Kindertageseinrichtung nun eng miteinander kooperieren – auf einer sicheren gesetzlichen Grundlage. Das hat es bisher so nicht gegeben.

Ergebnisse 2007 und 2008

Die beiden bisherigen Sprachstandserhebungen haben *auch* gezeigt, dass die Förderung der deutschen Sprache derzeit eine der wichtigsten Bildungsaufgaben im Elementarbereich ist. Von den 338.000 getesteten Kindern haben rund 67.000 Kinder einen besonderen Sprachförderbedarf. Allein in diesem Jahr benötigen rund 22 Prozent der Kinder zusätzliche Sprachförderung. Und diese Förderung erhalten sie auch. Das Land erhöht deshalb die Kindpauschale für jedes Kind, das zusätzliche Sprachförderung erhält, um 340 Euro. So ist es im Kinderbildungsgesetz geregelt. In der Summe bedeutet das: 28 Millionen Euro stehen für die zusätzliche Sprachförderung zur Verfügung. Gegenüber dem Jahr 2005 ist das eine Vervierfachung: Damals waren es nur 7,5 Millionen Euro. Das ist eine gewaltige Steigerung, die den Stellenwert der Sprachförderung noch einmal deutlich unterstreicht.

Sprachförderung ist Teil des Bildungsauftrags

Zum Bildungsauftrag der Kindertageseinrichtung gehört die Sprachförderung unverzichtbar dazu. Wer bilden will, muss Sprache vermitteln. Deshalb muss Sprachförderung in *jeder* Einrichtung stattfinden, und sie muss *jedes* Kind erreichen. Und sie muss täglich erfolgen – in *allen* Bildungsbereichen der Kindertagesstätte.

Es ist die Aufgabe dieses Kongresses, Wege aufzuzeigen, wie das in Zukunft noch besser gelingen kann. Denn Kinder im Kindergartenalter haben ihre sprachliche Entwicklung noch nicht abgeschlossen und sind auf Sprachvorbilder und sprachliche Auseinandersetzung angewiesen.

Deshalb muss auch die *grundständige* Sprachförderung ein zentraler Bestandteil der pädagogischen Konzeption der Tageseinrichtung sein. Sie muss noch mehr Raum in der Praxis der Kindertagesstätte erhalten. Auch die *zusätzliche* Sprachförderung muss in den Alltag der Kindertagesstätten eingebettet werden.

Aus diesem Grund ist es von so großer Bedeutung, dass die Kinder die Tageseinrichtungen *kontinuierlich* besuchen. Ich weiß, dass gerade der regelmäßige Besuch der Kinder häufig ein Thema in den Einrichtungen ist. Oftmals sind viele Elterngespräche notwendig, um zu erreichen, dass alle Kinder regelmäßig kommen. Das ist für die Verantwortlichen häufig sehr aufreibend. Aber pädagogische Arbeit kann nicht greifen, wenn die Kontinuität fehlt – das gilt ganz besonders für die Sprachförderung.

Sprachförderorientierungen

Mit dem heutigen Landeskongress machen wir einen ganz konkreten Schritt hin zu mehr Qualität in der Kindertagesbetreuung. Einen ganzen Tag lang geht es hier in Recklinghausen darum, wie Sprachförderung in allen Bildungsbereichen der Kindertagesstätte praktisch umgesetzt werden kann. Wichtige Anregungen hierfür finden Sie auch in den neuen Sprachförderorientierungen, die wir Ihnen heute aushändigen können. Ich freue mich sehr, dass diese Handreichung ab heute zur Verfügung steht, und danke Frau Professor Fried für die hervorragende Arbeit.

Ich habe jetzt viel über Defizite in der Sprachentwicklung von Kindern gesprochen und darüber, wie wir dem Bildungsauftrag der Kindertageseinrichtungen noch besser gerecht werden können. Lassen Sie mich deshalb zum Schluss noch eine Anmerkungen machen, die mir besonders am Herzen liegt: Bei aller notwendigen Orientierung am Bildungsauftrag, an der frühen Förderung und am Spracherwerb sollten wir doch stets *auch* im Blick behalten, dass die Kindertagesstätte *nicht* das erste Semester eines Hochschulstudiums ist. Sie ist auch *nicht* die Schule. Ich glaube daher auch nicht, dass sich Erzieherinnen und Erzieher als Lehrerinnen und Lehrer verstehen sollten, sondern dass sie ihren *eigenen qualifizierten Beitrag* zur Bildung und Erziehung von Kindern leisten. Dazu gehört für mich *auch*, dass das Spiel, dass Kreativität, Bewegung und Freude in den Kindertageseinrichtungen Platz haben müssen – weil auch *sie* für die kindliche Entwicklung von großer Bedeutung sind.

Eine Sprache zu erlernen, markiert einen Meilenstein in der kindlichen Entwicklung. Es ist ein äußerst komplexer Vorgang. Ich bin immer wieder beeindruckt von dieser absoluten Höchstleistung der Kinder. Es ist unsere Verantwortung als Erwachsene, den Kindern Hilfe und Unterstützung zu geben, wenn es mit der Sprache mal nicht so gut klappt. Deshalb bin ich dankbar für die wertvolle Arbeit, die Sie in den Kindertageseinrichtungen leisten, dankbar, dass Sie mit viel fachlichem Know-how und hohem persönlichen Einsatz die sprachliche Entwicklung unserer Kinder fördern.

Ich wünsche mir, dass Sie heute viele wertvolle Anregungen und neue Impulse dafür erhalten, wie die Sprachförderung in allen Bildungsbereichen der Kindertageseinrichtungen noch wirksamer werden kann. Mit Ihrer Arbeit tragen Sie entscheidend dazu bei, dass *alle* Kinder in Nordrhein-Westfalen beste Chancen erhalten und wir zum kinder- und familienfreundlichsten Land werden.

Karin Jampert
Kinder – Sprache/n stärken!

1. Einführung

Der Titel des Fachkongresses zur sprachlichen Förderung in Kindertageseinrichtungen ‚Kinder bilden Sprache – Sprache bildet Kinder' lenkt die Aufmerksamkeit auf die Kinder und ihren Bezug zur Sprache. Mit diesem Blick auf die Hauptpersonen, die Kinder, möchte ich beginnen und zunächst einige Besonderheiten der Sprache von Kindergartenkindern aufzeigen. Daran anschließend werde ich mich mit aktuellen bildungspolitischen und konzeptionellen Entwicklungen auseinandersetzen.

Mein Beitrag basiert auf Forschungs- und Entwicklungsarbeiten am Deutschen Jugendinstitut (DJI), von denen ich zwei Projekte hervorheben möchte:
- Das Projekt „Schlüsselkompetenz Sprache", eine bundesweite Recherche zu Maßnahmen und Konzepten der sprachlichen Förderung aus dem Jahr 2004 (Jampert, Best, Guadatiello, Holler & Zehnbauer, 2007), und
- das Mitte 2008 abgeschlossene Modellprojekt „Sprachliche Förderung in der Kita" (Jampert, Zehnbauer, Best, Sens, Leuckefeld & Laier, 2009), das sprachliche Förderung und Bildung als eine Querschnittsaufgabe der pädagogischen Arbeit konzipiert.

2. Kinder bilden Sprache – Sprache bildet Kinder

Beobachtet man das sprachliche Verhalten von Kindern, erschließen sich spezifische Merkmale und Besonderheiten der Sprache von Kindergartenkindern.[1]

---

[1] Alle Sprachdokumentationen dieses Vortrags sind im Rahmen des Projekts „Sprachliche Förderung in der Kita" (2006-2008) am Deutschen Jugendinstitut entstanden.

2.1 Kinder bilden Sprache – ein kreativer Vorgang

- Simon (2;5) ist versunken in sein Spiel mit Autos. Er begleitet seine Handlungen mit ganz unterschiedlichen Lauten und Lautkombinationen und unterstreicht manche Aktionen ganz besonders mit Melodie und Betonung:
  Di du da
  Di di du
  Wachulide
  Di krr krr
  Ha ha wahuu.

- Lynn (3;4) spielt in der Puppenecke und kommt mit der Erzieherin über ihre Backkünste ins Gespräch:
  Lynn: Willst du mal kosten?
  Erzieherin: Was hast du denn da?
  Lynn: Ich hab Kuchen gebacken. Erdfleckkuchen.
  Erzieherin: Wie sieht denn so ein Erdfleckkuchen aus?
  Lynn: Na wie ne Kuh!

Die Sprachdokumentation von Lynn hält ein Phänomen fest, das alle gut kennen: Kinder erfinden eigene Wörter. Wörter, die aus ihrer Sicht genau das ausdrücken, was sie gerade tun oder was sie wahrnehmen. So erfindet Vanessa das ‚Nichtreinfallschild' und Tobi das ‚Wintermüllauto'. Marten stellt eine ganz schöne ‚Glättigkeit' fest, für Tino ist es ‚finsterich', und Janine schließlich fordert Lisa auf: „Zeig mal, wie dein Hund hunden kann".

In ihrem sprachlichen Aneignungsprozess entwickeln Kindergartenkinder einen ausgesprochen kreativen und experimentierfreudigen Umgang mit Sprache, wenn sie
- ihr Handeln sprachlich begleiten und dabei mit Lauten, Wörtern und der Sprachmelodie spielen,
- wenn sie neue Wörter – wie etwa den ‚Erdfleckkuchen' – konstruieren, mit denen sie sich auf differenzierte Weise zum Ausdruck bringen,
- oder wenn sie Wörter aus anderen Wörtern ableiten, wie in den genannten Beispielen ‚Glättigkeit' aus dem Eigenschaftswort glatt oder das Verb ‚hunden' aus dem Substantiv Hund.

An diesen Beispielen kann man erkennen, dass die Kinder bei ihrem Spracherwerb mit Strategien operieren. Sie erschließen sich Regeln, die sie zunächst ausgesprochen großzügig anwenden, die sie überdehnen. So operieren sie mit den Regeln auch in Fällen, in denen diese nicht gelten. Dass Janine von Hund auf hunden kommt, ist ja nicht zufällig. So gibt es doch eine ganze Menge von Wörtern, bei denen sich das Verb aus dem Substantiv ableiten lässt, wie etwa spielen aus Spiel oder kämmen aus Kamm.

Bei der genauen Betrachtung der sprachlichen Strategien von Kindern zeigt sich, dass der bereits vorhandene Sprachschatz eine wichtige Ressource für sie darstellt. Er ist das Fundament des sprachlichen Handelns der Kinder, auf das sie sich beziehen und auf das sie zurückgreifen, wenn sie sich neues sprachliches Wissen erarbeiten und konstruieren.

Sprachliche Fortschritte von Kindern bauen sich in einem Prozess über lange Zeiträume hinweg auf und entstehen nicht von heute auf morgen – auch wenn es uns Erwachsenen bei der Beobachtung von Kindern manchmal so erscheint. Die sprachliche Entwicklung von Kindern verläuft nicht linear, sondern zeichnet sich durch Fortschritte und – zumindest scheinbare – Rückschritte aus. Um Kinder bei ihrem Spracherwerb zu unterstützen, müssen wir lernen zu erkennen, womit sie sich auf ihrem Weg in die Sprache hinein gerade beschäftigen und für welche sprachlichen Aspekte sie sensibel sind. Dadurch kann es uns gelingen, Kindern sprachliche Anregungen und Handlungsmöglichkeiten anzubieten, die an ihren Entwicklungsstand anknüpfen.

2.2 Sprache bildet Kinder – ein kognitiver Prozess

Was leistet die Sprache für die Kinder bei der Erforschung ihres Umfelds? Werfen wir einen Blick in eine Kindertageseinrichtung, in der die Kinder gerade mit naturwissenschaftlichen Studien befasst sind. Roman, Finja und Beyza sitzen mit einer Lupe vor einem Terrarium und tauschen sich über ihre Beobachtungen aus:
Roman (4;9 russisch-deutsch) Ich sehe einen ganz langen Regenwurm, wooow ganz groß!
Finja (3;5 deutsch): Sieht wie eine Schlange aus.
Roman: Er ist ein bisschen dick.
Beyza (5;4 türkisch-deutsch) Er hat Hautfarbe.
Roman: Braun, aber er bewegt sich jetzt, und er ist ganz lang.

Mit Hilfe der Lupe gelingt es den Kindern, das Geschehen im Terrarium und natürlich ganz besonders den Regenwurm im Detail zu erkennen und wahrzunehmen. Mit Hilfe der Sprache gelingt es ihnen, ihre spannenden Beobachtungen anderen mitzuteilen und sich die sinnlichen Wahrnehmungen als sprachlich-geistiges Wissen und Gedankengut zu erschließen.

Um die eigenen Beobachtungen möglichst genau zu vermitteln und die Aufmerksamkeit der Freunde herzustellen, ist ein differenzierter Wortschatz ebenso nötig wie komplexe sprachliche Strukturen, mit denen sich Vergleiche oder auch Zusammenhänge, die die Kinder erkennen, ausdrücken lassen. Durch den Austausch mit ihren Freunden werden Kinder darüber hinaus sensibel für unterschiedliche Wahrnehmungen und sie erkennen, dass in den Köpfen ihrer Freunde etwas anderes vorgeht als in ihren eigenen. So spielt die Sprache eine ganz entscheidende Rolle für die Fähigkeit zum Perspektivenwechsel.

Das entdeckende und hinterfragende Verhalten von Kindergartenkindern macht auch vor der Sprache selbst nicht halt. Das kann man besonders gut bei älteren Kindern beobachten. Da wird so manches, was uns Erwachsenen in unserem abgeklärten und routinierten Umgang mit Sprache ganz selbstverständlich erscheint, von Kindergartenkindern in Frage gestellt:

Martin (5;3) kommt ins Nachdenken über das Wort ‚Kindergarten':
Martin: Eigentlich ist unser Kindergarten gar kein Garten. Wir haben ja keinen Garten. Wir können hier nur spielen und auf dem Spielplatz toben.
Erzieherin: Was macht man denn in einem Garten?
Martin: Gemüse und Blumen, na Blumen gießen und so. ... einen Garten haben wir nicht. Dann dürfen wir auch nicht Kindergarten sagen.

Was Martin als Unstimmigkeit auffällt, beinhaltet eine wichtige Erkenntnis zur Bedeutung von Wörtern. Wie alle Kindergartenkinder hat Martin ein konkretes Wortverständnis. Das Wort Garten ist bei ihm für ein ganz bestimmtes Erfahrungssetting reserviert: In einem Garten gibt es Gemüse und Blumen. Von diesem Wortverständnis ausgehend hat ein Garten für Martin nichts mit einem Kindergarten zu tun, denn im Kindergarten werden nicht Blumen gegossen, sondern da spielen und toben die Kinder.

So ‚stolpert' Martin gewissermaßen über die Erkenntnis, dass Wörter keine konkrete, sondern eine allgemeine Bedeutung haben und dass sich mit dem Wort Garten ganz viele unterschiedliche Varianten von Gärten bezeichnen lassen. In unserem Beispiel auch das vom Garten abgeleitete Wort Kinder-Garten, das, ganz nach Fröbel, die Bedeutung eines pädagogischen Nährbodens hat, der zur Entfaltung und zum Erblühen der kindlichen Bildung beiträgt. Auch wenn Martin sicher noch eine Weile braucht, bis er das Fröbelsche Wortkonzept vom Kindergarten nachvollziehen kann, macht er auf der sprachlich-kognitiven Ebene die entscheidende Erfahrung, dass Wörter gewissermaßen ein großes Füllhorn sind, in das viele Bedeutungsvarianten hineinpassen.

Das Nachdenken von Kindern über Wörter sowie ihre kreativen Wortschöpfungen – all das sind wichtige Hinweise, die signalisieren, dass Kinder mitten drin sind im Aneignungsprozess von Sprache und sprachliches Denken entwickeln. Insbesondere das Zusammenspiel von sprachlicher und kognitiver Entwicklung ist – neben der sozial-kommunikativen Bedeutung von Sprache – für Kindergartenkinder das treibende Moment ihrer sprachlichen Entwicklung.

Die Veränderungen und Fortschritte der sprachlichen Handlungsmöglichkeiten von Kindern zwischen drei und sechs Jahren sind ein spannendes Forschungsgebiet und Beobachtungsfeld. Denn die Sprache erhält in dieser Altersspanne zunehmende Bedeutung für das kindliche Handeln und für kindliche Denkprozesse. Vergleicht man ein dreijähriges Kind mit einem sechsjährigen, tritt ganz offensichtlich zu Tage, welch komplexer Entwicklungsprozess sich in diesem Zeitraum vollzieht und in welchem Ausmaß das Handeln der älteren Kinder durch Sprache geprägt ist.

Lässt man sich auf die Besonderheiten der Kinder-Sprache ein, wird der Blick frei für den experimentierfreudigen, fantasievollen und auch nachdenklichen Umgang von Kindern mit Sprache, der oftmals Assoziationen zur Sprachpoesie weckt:
Merve (5;1) zieht beim Turnen ihren Pulli aus: *Ich möchte mich unbeschweren.*
Jérome (3;10): *Ich hab ein Schluckrunter.*
Anika (3;2), als saure Bonbons verteilt werden: *Ich möchte auch ein Saubonbon.*
Gül (5;11) krempelt ihre Ärmel hoch: *Ich mache meine Arme auf.*
Lena (2;11) beim Tischdienst: *Ich mag den Tisch austeilen.*

Als kleine Anregung für die Fachpraxis: Lassen Sie sich anstecken von den Kindern, greifen Sie die kreativen und für uns oft ungewöhnlichen Fragen und Ideen auf und kommen Sie mit den Kindern ins Gespräch über die Bedeutung von Wörtern! Denn Sprache ist nichts Feststehendes, kein starres Regelsystem; vielmehr kann man Sprache als ein Patchwork verstehen, als ein System, das sich durch die Sprachpraxis kontinuierlich weiterentwickelt und verändert und das sich kreativ gestalten und benutzen lässt.

3. Bildungspolitische Handlungsfelder

Angesichts der entscheidenden Bedeutung, die Sprache für die Entwicklung aller Kindergartenkinder besitzt, ist es nur zu begrüßen, dass Sprachbildung und Sprachförderung bereits seit einigen Jahren nicht nur in der Fachöffentlichkeit, sondern gleichermaßen in der Bildungspolitik einen Spitzenplatz im Ranking wichtiger Themen der Elementarpädagogik einnehmen.

Das bildungspolitische Interesse an der Thematik umfasst zwei Handlungsfelder: So ist im Kontext der Neuakzentuierung des Bildungsauftrags von Kitas Sprache zu einem relevanten *Bildungsthema* geworden. In allen Bildungsplänen oder -konzepten der Bundesländer findet sich der Bereich Sprache, und bundesweit werden zahlreiche Qualifizierungsmaßnahmen durchgeführt, um Erzieherinnen und Erzieher für diese Bildungsoffensive im Elementarbereich zu professionalisieren.

Größere bildungspolitische Brisanz hat das Thema Sprache allerdings durch nationale und internationale empirische Bildungsstudien erhalten. Die empirische Datenlage belegt das nachhaltige Scheitern eines großen Anteils von Kindern und Jugendlichen in unserem Bildungssystem. Und darauf beruht das zweite politische Handlungsfeld, das *Sprachförderung als Prävention oder Kompensation sprachlicher Defizite in der deutschen Sprache* versteht. Denn deutschsprachliche Fähigkeiten gelten unumstritten als die entscheidende Voraussetzung für eine gleichberechtigte Teilnahme an unserem Bildungssystem. Der wissenschaftliche Befund, dass bestimmte Kindergruppen aufgrund ihrer Spracherwerbsbiografie von Chancengleichheit ausgeschlossen sind, trifft einen zentralen Nerv des deutschen Bildungssystems, zu dessen Grundwerten gehört, dass jedem Kind, unabhängig vom sozialen Umfeld, in dem es aufwächst, schulischer und sozialer Erfolg offen stehen muss.

Der Untertitel dieses Kongresses „Sprachentwicklung und Sprachförderung in allen Bildungsbereichen" schlägt eine Brücke zwischen den beiden politischen Handlungsfeldern
- der Sprachbildung und
- der kompensatorischen Sprachförderung,

und das sehe ich als einen ausgesprochen wichtigen Schritt an. Denn der sprachliche Aneignungsprozess von Kindergartenkindern verläuft nicht zweigeteilt als einerseits sprachliche Bildung und andererseits Defizitbeseitigung. Vielmehr erweitern Kinder ihre sprachlichen Handlungsmöglichkeiten in Situationen, die sie zum Forschen, Planen, Kooperieren, Partizipieren und Reflektieren auffordern und motivieren.

Auf welche Weise der kindliche Spracherwerb im Rahmen einer professionellen elementarpädagogischen Bildungsarbeit unterstützt werden kann, dazu gibt es in diesem Band viele Anregungen und Informationen. Ich werde mich im Folgenden mit einigen Aspekten befassen, die mir in der Gesamtentwicklung der Sprachfördermaßnahmen wichtig erscheinen für das gemeinsame Ziel, Kindergartenkinder in ihren sprachlichen Handlungsmöglichkeiten nachhaltig und erfolgreich zu begleiten und zu fördern.

4. Bildungspolitische und konzeptionelle Entwicklungen

4.1 Bei welchen Aspekten zeichnet sich ein Konsens ab?

Nach wie vor ist die Sprachförderlandschaft durch eine Vielzahl unterschiedlicher Konzepte und Ansätze geprägt. Zugleich lassen sich allerdings bei entscheidenden Aspekten gemeinsame bildungspolitische Linien erkennen. Das betrifft insbesondere den *frühen Beginn und eine langfristige Sprachförderung* der Kinder.

Spracherwerb in der frühen Kindheit ist ein langfristiger Prozess. An diesem Entwicklungsdatum geht kein Weg vorbei. So herrscht mittlerweile Konsens, dass Intensivkurse kurz vor der Einschulung dem sprachlichen Bedarf vieler Kinder nicht gerecht werden. Spracherhebungen bereits bei Vierjährigen ebenso wie die Öffnung von Sprachfördergruppen für jüngere Kinder sind Maßnahmen, die auf dieser Erkenntnis beruhen.

Insbesondere für Kinder, die mit einer nicht-deutschen Erstsprache aufwachsen, ist die Dauer von Fördermaßnahmen entscheidend, da ein großer Teil von ihnen erst in einer Kindertageseinrichtung mit einem aktiven Einstieg in die Zweitsprache Deutsch beginnt. Die bildungspolitische Zielsetzung einer deutlichen *Erweiterung des institutionellen Angebots für die Unter-Dreijährigen* ist unter dieser Perspektive richtungsweisend. Denn für mehrsprachige Kinder bedeutet eine frühzeitige institutionelle Bildung und Betreuung eine entscheidende Modifizierung ihres Mehrsprachenerwerbsprozesses. Mit einem aktiven Einstieg in die deutsche Sprache vor dem dritten Lebensjahr könnte der Deutscherwerb von Kindern mit einer anderen Ausgangssprache annähernd wie ein Erstspracherwerb verlaufen. Die Aneignung der deutschen Sprache wäre dann zeitnah an den Erwerb der Erstsprache gekoppelt. Dies ist nicht nur aufgrund der deutlich längeren Zeitspanne für den Deutscherwerb als Chance zu sehen. Eine Chance ist es auch im Hinblick auf die Relevanz, die dadurch (auch) der Zweitsprache Deutsch frühzeitig für den kognitiven und sozialen Entwicklungsprozess der Kinder zukommt.

Unumstritten ist inzwischen auch die *Hauptrolle, die Erzieherinnen und Erziehern* bei der sprachlichen Förderung und Bildung von Kindern zukommt. Die umfangreichen Qualifizierungsmaßnahmen zum Umgang mit Beobachtungsinstrumenten sowie zu Sprachförderkonzepten und zur Vermittlung des nötigen Fachwissens zeugen hiervon. Fachkräfte in den Kitas sind diejenigen, die den individuellen Entwicklungsverlauf der Kinder über einen langen Zeitraum hinweg und in vielen verschiedenen Situationen verfolgen können. Auf der Grundlage systematischer Beobachtungen und Dokumentationen verfügen Erzieherinnen und Erzieher über wertvolles Wissen zum spezifischen Sprachverhalten der Kinder und zum sprachlichen Entwicklungsverlauf. So ist es nur konsequent, dass elementarpädagogische Fachkräfte einen prominenten Platz einnehmen bei der Einschätzung der sprachlichen Fähigkeiten von Kindern und dass sie als gewichtige Stimme in Entscheidungsprozesse einbezogen werden.

Zu wenig Unterstützung gibt es beim Prozess der Implementierung und Umsetzung von sprachlichen Beobachtungs- und Fördermaßnahmen in den jeweiligen Kita-Alltag. Eine professionelle Sprachförderung entsteht nicht über Nacht, und allein der Besuch von Fort- und Weiterbildungskursen ist nicht ausreichend für eine fundierte Qualifizierung. So gilt für Erzieherinnen und Erzieher Ähnliches wie für die Kinder: entscheidend sind zeitliche und personelle Kapazitäten. Für die Entwicklung einer professionellen Sprachförderarbeit benötigen Teams vor allem auch Arbeitsphasen zur gemeinsamen Planung und zur Reflexion ihrer Beobachtungen und ihres Vorgehens.

4.2 Wo gibt es nach wie vor Spannungsfelder?

Die bundesweite Recherche am Deutschen Jugendinstitut zu Sprachfördermaßnahmen und -konzepten (Jampert et al., 2007) hat als ein zentrales Ergebnis festgehalten, dass sich die elementarpädagogischen Sprachförderkonzepte zwei Entwicklungslinien zuordnen lassen:
- Zum einen gibt es Ansätze, die im Rahmen der Elementarpädagogik entwickelt wurden und die die sprachliche Förderung mit dem Schwerpunkt kommunikative Fähigkeiten in den Kita-Alltag integrieren,
- zum anderen wurden sprachwissenschaftliche Förderprogramme erarbeitet, die spezifische sprachliche Aspekte in den Blick nehmen und diese im Rahmen von Kleingruppen gezielt fördern.

Das Spannungsfeld zwischen diesen beiden Linien kennzeichnet auch heute noch die elementarpädagogische Sprachförderlandschaft.

Neuen Diskussionsstoff zu diesen Fragen liefern aktuelle Studien und Ergebnisse aus wissenschaftlichen Untersuchungen zur Wirkung unterschiedlicher Fördermaßnahmen, wie zum Beispiel die EVAS Vergleichsstudie (Evaluation von Sprachförderung bei Vorschulkindern) der Pädagogischen Hochschule Heidelberg.[2] Die Forschergruppe verglich drei programmorientierte Sprachförderkonzepte mit unspezifischen Förderaktivitäten, die im Kita-Alltag erfolgten. Die Ergebnisse liefern Stoff zum Nachdenken:

„Zudem erzielte die Gruppe der Kinder, die nach spezifischen Sprachprogrammen gefördert wurden, ähnliche Leistungen wie die Gruppe, die unspezifische Förderung erhielt." (Hofmann, Polotzek, Roos & Schöler, 2008, S. 296)

Für alle überraschend hat diese Untersuchung ein Patt ergeben. Kein Konzept und kein Vorgehen konnte mit einer deutlich besseren Wirksamkeit überzeugen.

Im Diskurs um die Frage nach dem ‚richtigen', das heißt einem erfolgversprechenden Weg gibt es mittlerweile vermehrt Stimmen, die für eine Verknüpfung gezielter sprachlicher Fördermaßnahmen mit natürlichen Handlungssettings argumentieren. Mit dem Basiskonzept „Sprachliche Förderung in der Kita" des Deutschen Jugendinstituts verfolgen auch wir diesen dritten Weg, der die beiden Entwicklungslinien einer sowohl gezielten und systematischen als auch handlungsbezogenen und alltagsintegrierten Sprachförderung vereint (Jampert et al., 2006). Sprachliche Förderung erfolgt nach diesem Ansatz als Querschnittsaufgabe der pädagogischen Arbeit. Eingebettet in die Bildungsaktivitäten der Kita findet sie zum Beispiel im Rahmen von musikalischen Aktivitäten statt oder auch beim naturwissenschaftlichen Forschen. Bei dieser themen- und handlungsorientierten Arbeit gehen Erzieherinnen und Erzieher zugleich auf der sprachlichen Ebene theoriegeleitet und systematisch vor.

Das bedeutet,
- sie können die sprachlichen Handlungsmöglichkeiten von Kindern auf differenzierte Weise erkennen und einordnen, und
- sie nutzen die spezifischen sprachlichen Potentiale der einzelnen Bildungsbereiche, wie etwa Lautbildung und Sprachmelodie in der Musik

---

2 Die EVAS-Studie wurde von der Landesstiftung Baden-Württemberg in Auftrag gegeben.

oder sprachlich-kognitive Aspekte beim naturwissenschaftlichen Experimentieren.

Das Konzept qualifiziert Erzieherinnen und Erzieher für eine theoriegestützte sprachliche Förderung auf der Grundlage einer professionellen Bildungsarbeit. Denn die Leistungskraft des Konzepts liegt in besonderer Weise darin, die Attraktivität und Besonderheit der Bildungsbereiche zwar sprachlich zu nutzen, aber nicht in sprachlicher Förderung zu ersticken (Jampert, Zehnbauer, Best, Sens, Leuckefeld & Laier, 2009).

Abschließend möchte ich noch einige Themen ansprechen, denen aus meiner Sicht zur Zeit zu wenig Aufmerksamkeit zukommt.

4.3 Aktuell vernachlässigte Themen

4.3.1 Altersdifferenzierte Sprachförderung

Hier möchte ich zunächst auf den Aspekt einer altersdifferenzierten Sprachförderung eingehen. Ich habe bereits zu Beginn darauf hingewiesen, wie sehr sich die Kindersprache in der Altersgruppe zwischen drei und sechs Jahren verändert. Während für die Kleinsten in der Kita noch der Augenblick zählt, ihr Handeln im Hier und Jetzt, und der Sprache dabei eine eher nachrangige, begleitende Funktion zukommt, wird den Vierjährigen zunehmend wichtig, über das, was sie tun, auch zu sprechen. Und die Vierjährigen entwickeln sich schließlich weiter zu kleinen Theoretikern, die Dinge hinterfragen und ein starkes Interesse für Erklärungen von sich und von anderen zeigen. Allgemein lässt sich festhalten, dass der Spracherwerb bei jüngeren Kindern weitgehend durch implizite Lernprozesse geprägt ist. Bei älteren Kindern hingegen werden immer stärker soziale und kognitive Herausforderungen und Handlungsmöglichkeiten zum Antriebsmotor für sprachliche Fortschritte.

Sprachförderung erfordert insofern ein differenzierendes Vorgehen, das den spezifischen Umgang mit Sprache von jüngeren und älteren Kindern berücksichtigt, um die Kinder sprachlich weder zu über- noch zu unterfordern. So kann bei den Kleinen eine handlungsbegleitende, beschreibende Sprache in Verbindung mit alternativen Ausdrucksformen, wie Bewegung, Körpersprache oder musikalische Untermalung, das Sprachverständnis fördern und ihren Sprachschatz erweitern. Ältere Kinder hingegen profitieren zunehmend von planerischen und reflektierenden Situationen, in denen sie mit Sprache ihre Gedanken und ihr Wissen ausdrücken können.

4.3.2 Die Kindergruppe als sprachliche Ressource

Ein zweiter Aspekt, der aus meiner Sicht bislang nur unzureichend berücksichtigt wird, bezieht sich auf die institutionellen Rahmenbedingungen als Bedingung der sprachlichen Förderung. Im Unterschied zur Familie wird in der Kita die Kindergruppe zu einem immer wichtigeren Faktor für den sprachlichen Austausch und sprachliche Anregungen.

Mit dem Eintritt in den Kindergarten erweitert sich der kindliche Wahrnehmungs-, Handlungs- und Erkenntnisbezug auf grundlegende Weise. Das gemeinsame Handeln in einer Kindergruppe stellt die Kinder vor neue sprachliche, soziale und kognitive Herausforderungen und eröffnet ihnen gleichzeitig neue Chancen. Als Mitglied einer relativ großen, meist altersgemischten Kindergruppe handeln sie vor allem zusammen mit anderen Kindern. Die meiste Zeit verbringen sie im Spiel mit ihren Freunden, die – wie sie selbst – spezifische sprachliche Handlungsmöglichkeiten und Erfahrungen mit- und einbringen.

So zeichnen sich im Kindergarten sprachliche Entwicklungs- und Lernsituationen nicht mehr primär durch die intensive Beziehung und Lehr-Lernsituation zwischen Erwachsenem und Kind aus. Vielmehr werden die Kindergruppe und insbesondere die Freunde zu wichtigen Interaktionspartnern, mit denen sich die Kinder austauschen und von deren Erfahrungen und sprachlichen Fähigkeiten sie profitieren.

Sprachdokumentationen des Projekts „Sprachliche Förderung in der Kita" verweisen darauf, dass Kinder miteinander spezifische Formen der Verständigung und des Aufeinander-Eingehens entwickeln. Da alle Kinder noch sprachliche Lerner sind und sich in ihrem sozialen und kognitiven Entwicklungsstand nahestehen, können sie – im Unterschied zum Erwachsenen – auf einer gleichberechtigten Ebene füreinander Dialogpartner sein und sich genau dadurch auch sprachlich anregen. Dieses sprachförderliche Potential der Kindergruppe wird in Konzepten bislang kaum berücksichtigt und ist zudem noch wenig erforscht.

Zuletzt möchte ich noch einmal über die spezifische Situation der Kinder sprechen, die in vielen Bundesländern die Hauptzielgruppe von Sprachfördermaßnahmen sind: Kinder mit einer anderen Ausgangssprache.

4.3.3 Mehrsprachigkeit – eine Kompetenz mit unsicherem Wert

Mehrsprachigkeit von Migrantenkindern – eine Kompetenz mit unsicherem Wert – das war zusammengefasst ein Ergebnis einer Kinderbefragung zur multikulturellen Lebenssituation, die vor einigen Jahren am Deutschen Jugendinstitut durchgeführt wurde (Jampert, 2001). Aus meiner Sicht kennzeichnet diese Aussage noch immer den sprachlichen ‚Schatz', über den diese Kinder verfügen.

Kinder mit anderen Ausgangssprachen kommen nicht als sprachunkundige Kinder in die Kita. In ihren ersten Lebensjahren haben sie sich in ihrer Erstsprache bereits ausgeprägte sozial-kommunikative Gewohnheiten und fortgeschrittene sprachliche und kognitive Fähigkeiten angeeignet. Sie haben ihr Lebensumfeld zu weiten Teilen schon sprachlich erfasst, so dass ihnen das, was sie täglich sehen und erleben, auch sprachlich zur Verfügung steht. Das sprachliche Selbstverständnis dieser Kinder, das weitgehend auf ihren erstsprachlichen Kompetenzen beruht, wird mit Eintritt in die Kita ein Stück weit relativiert. Woran sie bereits gewöhnt sind, nämlich auf differenzierte Weise sprachlich zu handeln, gelingt ihnen mit deutschen Lauten, Wörtern und Regeln nicht mehr. Wie die Kinder diese Diskrepanz erleben und bewältigen, hängt nicht zuletzt vom sprachpädagogischen Konzept der Kita ab. Eine kompetenzorientierte Sprachförderarbeit, die danach strebt, dass alle Kinder verstehen sollen, worum es jeweils geht, und dass alle Kinder sich mit ihren Bedürfnissen und Erfahrungen aktiv einbringen können, bezieht auch die Erstsprachen der Kinder in den pädagogischen Alltag mit ein.

Literatur

Hofmann, N.; Polotzek, S.; Roos, J. & Schöler, H. (2008). Sprachförderung im Vorschulalter – Evaluation dreier Sprachförderkonzepte. *Diskurs Kindheits- und Jugendforschung, Heft 3-2008*, 291–300.

Jampert, K. (2001). Sprachförderung entsteht über Beziehung und Aktivität. *Projekt „Kulturenvielfalt" am Deutschen Jugendinstitut, Heft 5/2001*, 18-27.

Jampert, K.; Best, P.; Guadatiello, A.; Holler, D. & Zehnbauer, A. (2007). *Schlüsselkompetenz Sprache. Sprachliche Bildung und Förderung im Kindergarten. Konzepte – Projekte – Maßnahmen. Zweite, überarbeitete Auflage.* Weimar/Berlin: verlag das netz.

Jampert, K.; Leuckefeld, K.; Zehnbauer, A. & Best, P. (2006). *Sprachliche Förderung in der Kita. Wie viel Sprache steckt in Musik, Bewegung, Naturwissenschaften und Medienarbeit?* Weimar/Berlin: verlag das netz.

Jampert, K.; Zehnbauer, A.; Best, P.; Sens, A.; Leuckefeld, K. & Laier, M. (Hrsg.) (erscheint 2009). *Kinder-Sprache stärken! Sprachliche Förderung in der Kita – Das Praxismaterial.* Weimar/Berlin: verlag das netz.

Dr. Karin Jampert

Diplom-Pädagogin, Studium der Sozialpädagogik (FH) und der Erziehungswissenschaften. Seit 1981 am Deutschen Jugendinstitut in unterschiedlichen Forschungsprojekten in der Abteilung „Kinder und Kinderbetreuung" tätig. Arbeits- und Forschungsschwerpunkte: Kindheitsforschung, Interkulturelle Pädagogik, frühkindlicher Spracherwerb und Mehrsprachigkeit, Institutionen der vorschulischen Kinderbetreuung.

Lilian Fried

Sprache – Sprachförderung – Sprachförderkompetenz

1. Einleitung

Sprache ist ein hochkomplexes Laut- bzw. Symbolsystem, das in der Kommunikation von Sprachgemeinschaften vielfältige Funktionen erfüllt. Somit ist sie nicht nur linguistisches System, sondern auch Teil des sprachübergreifenden gesellschaftlichen Systems. Dabei übernimmt sie in den gesellschaftlichen Bereichen wie Politik, Recht, Kunst, Wissenschaft, Alltag usw. jeweils spezifische Funktionen. So ist Sprache laut Dufour (2006, S. 13) „... *konstativ* oder *indikativ* (wenn sie etwas über die Welt feststellt), *präskriptiv* oder *normativ* (wenn sie will, dass etwas getan oder gesagt wird), *argumentativ* (wenn sie etwas beweisen will), oder *optativ* (wenn sie einen Wunsch ausdrückt) usw.; und damit sind „... – die sprachlichen Möglichkeiten noch lange nicht erschöpft ..." (ebd.); außerdem dient sie, wie Puntel (2006, S. 103) betont, der „... *ästhetischen Darstellung* ... sowie der ... *Expressivität*, die durch Sätze charakterisiert ist, die keine Sachverhalte u.ä., sondern nur die Haltung oder Empfindungen eines Subjekts ‚zur Sprache bringen'." Mit anderen Worten: Die Beschäftigung mit Sprache gleicht „... einem Blick durch ein Kaleidoskop" und ist deshalb „faszinierend und verwirrend zugleich"; denn „... je nach Betrachtungsstandpunkt stehen andere Aspekte im Vordergrund ..." (Dalferth, 2003, S. 191).

2. Sprache

Durch diese Vielseitigkeit vermag Sprache für Wissenschaftler, Politiker, Poeten, Philosophen, Journalisten, Therapeuten, Werbemanager, Comedians usw. unterschiedlichste Aufgaben zu übernehmen. So kann sie Mittel zur Wahrheitsfindung, Meinungsbildung, Manipulation, Information, zum Ausdruck oder zur Erzeugung von Gefühlen, zur Weiterentwicklung von Gedanken usw. sein. Vor diesem Horizont ist als erstes zu klären, welche

Funktionen von Sprache für Pädagogen im Hinblick auf Bildung am wesentlichsten sind.

2.1 Sprache und Bildung

Dass Sprache und Bildung bedeutsam zusammenhängen, ist nicht neu. So hat z.B. Bernstein (1979[7]; in Deutschland: Oevermann, 1970; vgl. Fried, 1985) in den 1960er und -70er Jahren herausgestellt, dass die Sprachentwicklung von Kindern je nach sozialem Umfeld unterschiedlich verläuft; und dass dieser Tatbestand sich in Form von ungleichen Bildungschancen auswirkt. Er unterschied zwei *linguistische Codes:* den elaborierten und den restringierten; und zeigte auf, dass Kinder, die in sozioökonomisch benachteiligten Familien aufwachsen, wegen des dort vorherrschenden Kommunikationsstils und Sprachvorbilds der Eltern lediglich restringierte Sprachfähigkeiten erwerben können. So sind ihre Sätze eher kurz und fragmentarisch, ist ihr Wortschatz vergleichsweise begrenzt, bilden sie kaum abstrakte Begriffe aus. Ihre sprachlichen Wahl- und damit Ausdrucksmöglichkeiten sind also geringer als die der Kinder aus sozioökonomisch begünstigten Familien. Das wirkt sich insofern negativ auf ihre Bildungsmöglichkeiten aus, als in der Schule der elaborierte Code vorherrscht bzw. vorausgesetzt wird. Sie stoßen also zu Schulbeginn auf eine Sprachbarriere, *welche verhindert, dass sie ihre Bildungspotentiale vollumfänglich entfalten können. Deshalb haben sie nicht die gleichen Bildungschancen wie die sozioökonomisch begünstigten Kinder, denen in ihrer Familie der elaborierte Code vermittelt worden ist.*

In den 1980er und 1990er Jahren hat man derartige Zusammenhänge vernachlässigt. Das hat sich in jüngerer Zeit geändert. Man beschäftigt sich – ausgelöst durch den PISA-Schock – erneut mit den Wechselwirkungen zwischen sozialen Risikofaktoren (neben sozioökonomischer Benachteiligung auch: Migrationshintergrund, Bildungsferne, Armutslagen), Sprachentwicklungsproblemen und Bildungsbenachteiligung. Dabei trat in Untersuchungen (erneut) zutage, dass die sprachlichen (insbesondere Wortschatz) und schriftsprachlichen (Vorläufer-)Fähigkeiten von sozial benachteiligten Kindern im Mittel zum Schulbeginn bedeutsam geringer ausgeprägt sind als die der Kinder aus sozial begünstigten Umfeldern. Auch zeigten sich sozial benachteiligte Kinder etwa doppelt so häufig mit Sprachentwicklungsproblemen belastet (z.B. nicht altersgerechter Sprachentwicklungsstand, spezifische Sprachauffälligkeiten) wie Kinder aus sozial begünstigten Umfeldern (vgl. z.B. Fried, 2006). Noch dazu verringert sich diese Kluft in der ersten Klasse und im weiteren Verlauf der Grundschule nicht oder nicht wesentlich (z.B. Chatterji, 2006; Mengering, 2005).

Allerdings gibt es Hinweise, dass diese ungleichen Startbedingungen durch Elementarbildung vermindert, unter Umständen sogar vermieden werden können (vgl. Roßbach, Kluczniok & Isenmann, 2008). So wurde in mehreren deutschen Studien ermittelt, dass sich der Kindergartenbesuch günstig auf das Sprachvermögen auswirken kann (vgl. Becker & Biedinger, 2006; Mengering, 2005; Schöler et al., 2004). Bei IGLU 2001 wurde festgestellt, dass sich die positiven langfristigen Wirkungen der Elementarbildung auf die Leseleistung im vierten Schuljahr besonders bei sozial benachteiligten Kindern ausprägen (Bos et al., 2003, S. 127-130; vgl. ebenso Campbell, Pungello & Ramey, 2001).

Elementarbildung kann also die ungünstigen Auswirkungen sozialer Risiken auf die sprachliche und schriftsprachliche Entwicklung von Kindern abpuffern und dadurch mittelbar soziale Ausgrenzung vermeiden oder vermindern (vgl. Sylva et al., 2004, S. 5). Ob es dazu kommt, hängt allerdings wesentlich von der Qualität der Elementarbildung bzw. der im Elementarbereich angebotenen Sprachförderung ab.

2.2 Akademische Sprache

Die Qualität von Sprachförderung konstituiert sich aufgrund des Wechselspiels vieler unterschiedlicher Faktoren. Einer der wesentlichsten ist dabei, ob bzw. wieweit die Fördermaßnahmen auf diejenigen Aspekte von Sprache ausgerichtet sind, die mit der Begriffsklammer „Akademische Sprache" gefasst werden.

Der Begriff „Akademische Sprache" bzw. „Cognitive Academic Language Proficiency (CALP)" wurde von Cummins (1979)[1] eingeführt und gegenüber der „Konversationssprache" bzw. „Basic Interpersonal Communication Skills (BICS)" abgegrenzt.

Diese Unterscheidung geht u.a. auf Berichte von Skutnabb-Kangas and Toukomaa (1976) zurück. Diese Forscher haben herausgefunden, dass sich pädagogische Fachkräfte bei der Beurteilung der Sprachfähigkeit von zweisprachigen Kindern häufig dadurch blenden lassen, dass die Kinder mit Peers in der Zweitsprache flüssig kommunizieren können (BICS); das verdeckt aber nicht selten den Tatbestand, dass die Kinder die grundlegenden sprachlichen Merkmale (CALP) der Zweitsprache nicht so gut anzuwenden vermögen und kennen[2] wie ihre einsprachigen Peers (vgl. Cummins, 2003). Den pädagogischen Fachkräften entgehen also genau die-

---

1 Dessen theoretischer Ansatz zum Zweitspracherwerb bleibt hier ausgespart.
2 In Form von Wissen über Sprache kognitiv repräsentiert haben.

jenigen Sprachentwicklungsprobleme, welche die Bildungsverläufe und -erfolge von Kindern entscheidend hemmen können.

Kinder, deren BICS gut entwickelt sind, beherrschen diejenige Konversationsfähigkeit, die sie benötigen, um im vertrauten Rahmen, mit vertrauten Personen erfolgreich kommunizieren zu können. In diesen Konversationen muss vieles nicht thematisiert werden, weil es sich aus dem konkreten Kontext (Rahmenbedingungen, soziale Regeln, Routinen bzw. Symbole usw.) ergibt. Junge Kinder, bei denen CALP gut entwickelt ist, können sich bereits kontextfrei und präzise ausdrücken. Sie verfügen nämlich über einen distinktiven, zum Teil auch schon abstrakten Wortschatz sowie differenzierte morphosyntaktische Strukturen. Das versetzt sie in die Lage, sich im Rahmen von Bildungsinstitutionen mit kognitiv anspruchsvollen, häufig vom unmittelbaren Kontext losgelösten Bildungsaufgaben erfolgreich auseinander zu setzen (z.B. Diaz-Rico & Weed, 1995).

Wie sich die akademische Sprache bei jungen Kindern ausprägt, und was es im Hinblick auf ihre Bildungschancen kurz-, mittel- und langfristig bedeutet, wenn sich ihre akademische Sprache nicht altersentsprechend entwickelt, kann inzwischen einer Reihe von Untersuchungen entnommen werden (vgl. z.B. Roßbach, Kluczniok & Isenmann, 2008). Gut belegt sind z.B. Zusammenhänge der akademischen Sprache (z.B. Phonembewusstheit) mit dem Lesen und Schreiben (z.B. Shiotsu, 2007), aber auch mit dem Rechnen, Erzählen und mit Sachfächern (z.B. Champion et al., 2003; Halle et al., 2003; Krajewski, Schneider & Nieding, 2008). Die Bildungs- und Sozialpolitik trägt dem aktuell dadurch Rechnung, dass sie bereits im Kindergarten, spätestens jedoch zu Schulbeginn feststellt „... ob die Kinder die deutsche Sprache in einem Ausmaß beherrschen, dass eine Teilnahme am Unterricht der Schulanfangsphase gewährleistet ist." (Daseking, Oldenhage & Petermann, 2008, S. 93; vgl. auch Autorengruppe Bildungsberichterstattung, 2008; Fried, 2008b). Vor diesem Hintergrund fordert z.B. Abedi (2004, S. 195) von der Politik „... to focus on the aspects of language aquisition that are more directly linked to academic success ..."; denn: „By assessing academic language proficiency, states more thoroughly address language needs related to student's academic success ... that are more relevant to students' academic needs."

3. Sprachförderung

Es gilt also, Erzieherinnen dahingehend zu informieren und zu unterstützen, dass sie die Aneignung akademischer Sprache von Kindern wirkungsvoll unterstützen können. Dabei kann auf verschiedene Erkenntnisse sowie Erfahrungen zurückgegriffen werden, wie Sprachförderung praktikabel sowie wirksam gestaltet werden kann.

3.1 Begriff

Sprachförderung ist möglich, weil bei der Sprachentwicklung von Kindern nicht nur biologische, sondern auch umweltspezifische Faktoren eine bedeutende Rolle spielen (vgl. Grimm, 2000). Letztere entscheiden darüber, ob ein Kind sein angelegtes Sprachvermögen optimal entfalten kann oder ob es aufgrund hemmender oder gar schädigender Einflüsse unter seinen eigentlichen Möglichkeiten bleibt. Diese Tatsache macht man sich in der Sprachförderung dahingehend zunutze, dass potentiell positiv wirkende Umweltfaktoren verstärkt werden.

Der Begriff Sprachförderung meint somit die positive Beeinflussung der Sprachentwicklung von Kindern. Er wird als Begriffsklammer für unterschiedliche Sachverhalte verwendet, die häufig nicht klar unterschieden bzw. nicht präzise bezeichnet werden. Wenn Sprachförderung darauf zielt, die Entwicklung von Kindern so anzuregen, dass sich deren Sprache in all ihren Facetten optimal entfaltet, handelt es sich um Spracherziehung bzw. Sprachbildung. Ist sie darauf ausgerichtet, die Entwicklung von Kindern so zu unterstützen, dass potenziell schädigende Effekte von z.B. sozialen Risiken auf die Sprachentwicklung kompensiert und dadurch Sprachentwicklungsprobleme vermieden werden, spricht man von kompensatorischer oder präventiver Sprachförderung. Haben sich bereits Sprachentwicklungsstörungen manifestiert, so dass nur noch sonderpädagogische oder medizinische Interventionen helfen können, so ist eine Sprachtherapie indiziert.

Über diese groben Unterscheidungen hinaus wird in der Fachdiskussion sprachlich markiert, welchem Prinzip bzw. Konzept die Sprachförderung von Kindern folgt. Werden bei einer Maßnahme alle Entwicklungsbereiche reflektiert, welche die Sprachentwicklung fundieren bzw. beeinflussen, spricht man von ganzheitlicher (besser: integrierter) Sprachförderung. Zielt eine Maßnahme auf alle sprachlichen Teilfähigkeiten, ist von allgemeiner Sprachförderung die Rede. Wenn bei einer Maßnahme nur bestimmte Sprachentwicklungsaspekte wie Artikulation, Wortschatz, Vorläuferfähigkeiten des Schriftspracherwerbs usw. oder Sprachentwicklungskonstellationen, wie Zweisprachigkeit, früher Fremdsprachenerwerb, reflektiert werden, bezeichnet man das als spezielle Sprachförderung.

3.2 Orientierungen

Da Sprachförderung am ehesten wirkt, wenn sie gezielt und intensiv stattfindet, ist es wichtig, dass Erzieherinnen ihre konkreten Maßnahmen an „pädagogischen Ideen", also mit Hilfe kognitiver Orientierungsraster ausrichten, so dass ein gezieltes Handeln möglich wird. Dabei können sie auf kollektive Ideengebilde zurückgreifen, die das Resultat geteilter Erfahrungs- und Erkenntnisbestände sind.

Historisch betrachtet sind hier zuvorderst Programme zu nennen. Diese basieren auf Grundannahmen, die allerdings nicht selten implizit statt explizit sind. So stehen hinter jedem Programm pädagogisch-anthropologische Vorstellungen, also Menschenbilder, Kindbilder, Gesellschaftsbilder usw. Außerdem basiert jedes Programm auf Erziehungsvorstellungen, also spezifischen Zweck-Mittel-Szenarios. Wie diese Vorstellungen aussehen, hängt von historischen, gesellschaftlichen, kulturellen sowie geistigen Einflüssen ab. Insofern gibt es eine Vielfalt von Programmen.

Bereits Friedrich Fröbel, der Begründer des Kindergartens, legte großen Wert darauf, Kinder durch „nachgehende" und „vorschreibende" Spiel- und Spracherziehung zu befähigen, „alles recht und richtig anzusehen" und „recht und richtig, bestimmt und rein zu bezeichnen" (Hoffmann, 1961[2], S. 35). Zu diesem Zweck sollten sie von Erzieherinnen und Eltern in direkten „Anschau-Sprechübungen" sowie durch indirekte „Spielpflege" ermutigt werden, alles mit „seinem richtigen Namen, Wort, und jedes Wort in sich klar und rein nach seinen Bestandtheilen: Ton, Laut und Schluß" zu bezeichnen (Blochmann, 1965[4], S. 31). Das meint nicht etwa eine isolierte Sprachförderung, wohl aber bewusste und planvolle Maßnahmen, in denen sensorische, motorische, kognitive und sprachliche Momente miteinander verknüpft werden. Dabei soll einerseits gezielt Anschauungsmaterial herangezogen werden, wie z.B. Gegenstände der Natur, Bilderbücher, Spielgaben usw. und andererseits Spiel- und Beschäftigungsimpulse gegeben werden, wie z.B. Reime, Verse, Lieder, Finger- und Kreisspiele (vgl. z.B. Scheuerl, 1974[2]). Auf diese Weise sollen die Kinder „durch Stufen der Sprachsicherheit und Sprachfestigkeit zum Sprachbewusstsein und so zur vollendeten Sprachkenntnis, Sprachklarheit" geführt werden (Richter, 1926, S. 91 ff.). Allerdings betrifft das vor allem die Sprechsprache, denn die Schriftsprache erachtete Friedrich Fröbel als einen „gefährlichen Sprach-Abstraktor", der den Blick für das Wesentliche verstellen kann (ebd.).

Diese Gedanken wurden von der traditionellen Kindergartenpädagogik in reduzierter Form bis in die 50er Jahre des 20. Jahrhunderts weitergeführt. So werden vielfältige Bilderbücher angeboten, durch spezifische Raumarrangements (z.B. Puppenecke, Bauecke) Gespräche zwischen den Kindern provoziert und vielfältige Sprach- sowie Bewegungsspiele mit der ganzen Gruppe durchgeführt (vgl. z.B. Schmaus & Schörl, 1978). Gegen Ende der 60er Jahre des vorigen Jahrhunderts wird moniert, dass es auf diese Weise nicht hinreichend gelingt, die Kinder so zu unterstützen, dass sie ihre Entwicklungspotentiale tatsächlich entfalten können.

Anfang der 1970er Jahre werden neue Programme entwickelt, die mit der Begriffsklammer „Funktionsansatz" zusammengefasst werden. Diese – vor dem Hintergrund behavioristischer Lerntheorien sowie soziolinguistischer Sprachtheorien (vgl. z.B. Schmalohr, 1971) – entwickelten, auf sprachlich-kognitive Funktionen und Fertigkeiten zielenden Programme zur Wortschatzerweiterung, Bedeutungsausdifferenzierung sowie zum frühen Lesen und Fremdsprachenerwerb haben meist die Form von Trainings bzw. Übungsmappen (vgl. Fried, 1985). Die funktionale Sprachförderung zielt somit auf die „linguistische" Dimension von Sprache, wohingegen sie die „pragmatische" Dimension, also die Kommunikation vernachlässigt.

Die Praxis ist mit diesen Ansätzen nie warm geworden. Vermutlich, weil das Kind- und Erzieherbild sowie das Bildungsverständnis, das hinter diesen Programmen steht, nicht ohne Weiteres mit den in der Praxis vorherrschenden Bildern vereinbar war. Des Weiteren dürfte eine Rolle gespielt haben, dass Erzieherinnen eine ganze Palette von Programmen einsetzen müssten, um den umfassenden Förderansprüchen gerecht werden zu können. Das jedoch ist nicht ohne Weiteres möglich.

Ab der zweiten Hälfte der 1970er Jahre setzten sich dann Programme durch, die mit dem Begriff „Situationsansatz" gebündelt werden. Es handelt sich dabei um Arbeitshilfen und Materialien, die u.a. im Verlauf von Modellversuchen bzw. dem Erprobungsprogramm ausgeformt worden sind. Sie haben eher den Charakter von Leitlinien als von Programmen, sind also sehr offen. Im Mittelpunkt des Ansatzes steht die soziale Qualifikation von Kindern bzw. die soziale Integration der sozial benachteiligten Kinder (vgl. Zimmer, 1973). Demzufolge konzentrieren sich die Programme auf die pragmatischen Mittel von Kindern (kommunikative Kompetenz), mit denen diese ihre Interessen in Gruppen artikulieren, aushandeln, durchsetzen bzw. soziale Konflikte in Gruppen aushalten und lösen können. Außerdem legt man – im Sinne sozialer Integration – Wert darauf, die sprachliche Vielfalt, die in vielen Kindergärten herrscht, nicht so sehr als Problem, denn als Chance wahrzunehmen, die es für die ganze Kindergruppe zu nutzen gilt (z.B. DJI, 1999). Wie dieser ehrgeizige Anspruch eingelöst werden kann, bleibt bis weit in die 1990er Jahre hinein diffus, denn die Anregungen zur Sprachförderung haben vornehmlich den Charakter von Leitlinien, lassen also vieles offen. Wie z.B. die Untersuchung von Netz (1998) zeigt, fühlen sich viele Erzieherinnen damit allein gelassen bzw. überfordert. In jüngerer Zeit erkennen auch Vertreter des Situationsansatzes an, dass die einseitige Betonung des Primats der Sozialerziehung und die damit einhergehende Überschätzung „pragmatischer Mittel" eine Verkennung der Bedeutsamkeit „linguistischer Mittel" für die Entwicklung der akademischen Sprache nach sich gezogen hat (vgl. Lipski, 1973). Inzwischen wurde der Situationsansatz durch Förderanregungen ergänzt, welche auch die linguistische Kompetenz berücksichtigen. Außerdem ist inzwischen akzeptiert, dass situationsbezogene Programme durch funktionale Trainings gewinnbringend angereichert werden können.

Heute scheint die Zeit der allgemeinen, alle anderen Ansätze dominierenden Programme vorbei zu sein. An ihre Stelle sind mehr oder minder bereichsspezifische Programme getreten. Jampert und ihre Kolleginnen (2007) haben diese Fülle in ihrer Expertise „Schlüsselkompetenz Sprache" erfasst und eingeordnet. Dabei kommen sie zu dem Schluss, dass sich die aktuellen Orientierungen infolge der unterschiedlichen didaktischen Grundhaltungen in zwei Typen unterteilen lassen. Zum einen in solche, die sich stärker an linguistischen Theorien ausrichten und in speziellen Settings nach einem strikten Programm durchgeführt werden (z.B. Würzburger Trainingsprogramm); zum anderen in solche, die sich an der gängigen Kindergartenpraxis orientieren und die Alltagswelt als Ausgangspunkt für die Sprechanlässe wählen. Wobei beide Typen derzeit noch relativ unverbunden in der Praxis nebeneinander bestehen.

Inzwischen sind diese Programme – u.a. als Folge des PISA-Schocks – in allen Bundesländern durch Bildungspläne komplettiert worden. Diese richten sich am „Gemeinsamen Rahmen der Länder für die frühe Bildung in den Kindertageseinrichtungen" (Jugendministerkonferenz, 2004) aus. Dort wird auf die Sprachförderung explizit Bezug genommen. Ihr wird ein zentraler Stellenwert zugeschrieben, um Chancengerechtigkeit in der Gesellschaft zu verwirklichen, d.h. allen Kindern einen guten Schulstart zu ermöglich, der nicht durch Sprachbarrieren von vornherein belastet wird. In den länderspezifischen Bildungsplänen werden relativ übereinstimmende Ziele der Sprachförderung genannt, wie z.B. dem Kind zu helfen, seine Lust am Sprechen zu entwickeln, seine Ausdrucksmöglichkeiten und

Kommunikationsmittel zu erweitern, mit anderen in den Dialog zu treten, sich sprachliche Konventionen anzueignen, etwas wiedergeben oder erklären zu können, Geschichten zu erfinden, die Schönheit von Sprache zu erfahren, mit Sprache die Welt zu erschließen, mit verschiedenen Sprachen in Kontakt zu kommen, durch Begriffsbildung und den Gebrauch kontextfreier Sprache seine kognitiven Fähigkeiten weiterzuentwickeln, korrektes Deutsch zu sprechen, Literatur kennen zu lernen sowie seiner Neugier bzw. Experimentierfreude in Bezug auf Sprach-, Zeichen- und Schriftelemente Nahrung zu geben (vgl. Keller, 2007).

3.3 Forschung

Förderung gilt als ein Faktor, der Sprachentwicklungsrisiken potentiell abzupuffern vermag; vor allem, wenn die Maßnahmen bereits im frühen Alter einsetzen, weil dadurch eine Manifestation der Probleme unterbunden bzw. mögliche negative Folgewirkungen vermieden oder vermindert werden können. Je länger nämlich Sprachentwicklungsprobleme andauern, desto stärker verfestigen sie sich bzw. desto eher strahlen sie auf weitere (Sprach-)Entwicklungsbereiche aus (vgl. Whitehurst & Fischel, 1994).

Woran es jeweils liegt, wenn Sprachförderung wirkt bzw. scheitert, können wir nur ansatzweise sagen, weil es an dementsprechenden Untersuchungen mangelt. Die wenigen Studien, die in Deutschland durchgeführt wurden, beinhalten vornehmlich Erkenntnisse zur Bedeutsamkeit von Programmen.

Dabei wurde zum einen deutlich, dass die in Fachdiskursen dominierenden Programme nicht zwangsläufig auch die Praxis bestimmen müssen. So hat z.B. Barres (1972, S. 84) zu Zeiten des Funktionsansatzes in einer relativ breit angelegten Beobachtungsstudie herausgefunden, dass es keineswegs die vielgescholtenen Trainingsmappen waren, die den Alltag bestimmten, sondern „…. zumeist Sing-, Kreis- und Fingerspiele … durchgeführt wurden" bzw. „Liedersingen und Bastelarbeiten" den Alltag bestimmten. Wohingegen „systematisch durchgeführte Sprech- und Denkübungen" sowie „kürzere Lehrgespräche", wie sie von Vertretern des Funktionsansatzes propagiert wurden, lediglich „Seltenheiten" darstellten. Desgleichen hat Röchner (1987, S. 169) in der Hochblüte des Situationsansatzes durch Beobachtungen ermittelt, dass die von Vertretern des Situationsansatzes propagierten Rollenspiele und Projekte nur gelegentlich auftraten, und stattdessen traditionelle „Spiele, in denen viel gesprochen wird" die Sprachförderung in den Einrichtungen dominierten.

Die Praxis hat sich somit wenig davon beeindrucken lassen, dass wissenschaftlich fundierte Programme vorliegen, welche die in sie gesetzten Hoffnungen grundsätzlich zu rechtfertigen vermögen. Das soll an zwei Beispielen veranschaulicht werden.

Küspert und Schneider (2000²) haben das Würzburger Trainingsprogramm „Hören, lauschen, lernen" vorgelegt, ein speziell auf die phonologische Bewusstheit abgestimmtes Förderprogramm. Es wurde für Vorschulkinder mit nicht altersgerecht entwickelter Phonembewusstheit sowie für Kinder mit nicht-deutscher Muttersprache konzipiert. Das Training soll dazu dienen, sechs für die Phonembewusstheit wesentliche Bereiche mit jeweils sieben bis fünfzehn Sprachspielen zu stimulieren. Jeder einzelne Bereich ist in verschiedene Lernlevels gestaffelt und in konkrete Trainingspläne eingebettet. Die Übungen sollen in Kleingruppen von vier bis acht Kindern durchgeführt werden. Die Wirksamkeit des Programms wurde von 1991 bis 1998 in drei großen Längsschnittstudien mehrfach überprüft. Es hat sich gezeigt, dass sich Erfolge bezüglich der späteren Lese-Rechtschreibkarriere erzielen lassen (Schneider, Roth & Küspert, 1999). Des Weiteren hat sich herausgestellt, dass eine Kombination aus einem Training der phonologischen Bewusstheit und einem Buchstaben-Lauttraining die größten und langfristigsten Effekte auf den Schriftspracherwerb haben (Plume & Schneider, 2004). Allerdings sind eine intensive Einarbeitung in dieses Programm sowie eine stringente Umsetzung für eine erfolgreiche Durchführung unumgänglich.

Des Weiteren haben Marx und Klauer (2007) ein Programm vorgelegt, mit dessen Hilfe fundamentale Prozesse des Denkens und der Sprache gefördert werden können, wie z.B. durch Übungen zur Begriffsklassifikation und zur Erfassung semantischer Felder. Das Programm kann als Einzel- oder Kleingruppentraining mit zwei bis drei Kindern durchgeführt werden. Die zehn Übungseinheiten erfordern einen Zeitraum von fünf Wochen. Dabei sollten sie zwei- bis dreimal pro Woche spielerisch eingesetzt werden. Eine Übungseinheit mit je sechs Aufgaben dauert circa 30 Minuten. In Wirkungsstudien konnten bei über 400 Kindergartenkindern bedeutsame und nachhaltige Effekte auf die kindliche Intelligenz und die kindliche Sprachkompetenz nachgewiesen werden. Die höchsten signifikanten Effekte betreffen die Bereiche Wortschatz und Morpho-Syntax. Noch sechs Monate nach dem Training waren die Entwicklungsgewinne stabil (Marx, 2006).
Solche Wirkungsstudien dürfen allerdings nicht darüber hinwegtäuschen, dass Programme in der Praxis nicht unbedingt so eingesetzt und wirksam werden, wie von den Konstrukteuren erhofft bzw. unterstellt. Das kann man jedenfalls aus vorläufigen Ergebnissen einer Evaluation des Programms ‚*Sag mal was – Sprachförderung für Vorschulkinder*' der Landes-

stiftung Baden-Württemberg ableiten. Im Rahmen dieser Initiative wurden in Kindertageseinrichtungen der Städte Mannheim und Heidelberg Kinder mit mangelnden Deutschkenntnissen im letzten Kindergartenjahr zusätzlich gefördert. Was die Ausgestaltung der Sprachförderung betrifft, so waren die Träger innerhalb gewisser Grenzen frei. Es konnten u.a. drei verschiedene Sprachförderprogramme eingesetzt werden. Die Fördermaßnahmen waren aber insofern standardisiert, als ihre Dauer ohne Vorbereitungszeit 120 Stunden umfassen sollte, die sich in einem Mindestzeitraum von sechs Monaten im Kindergartenjahr auf vier bis fünf Stunden wöchentliche Förderzeit verteilen sollten. Die Förderung sollte in Gruppen erfolgen, die zwischen sechs bis maximal zehn Kinder umfassen durften. Auch sollten die Eltern der Kinder an den Fördermaßnahmen beteiligt werden (z.B. in Form von Teilnahme an den Förderstunden, Vorlesestunden oder Besuch von Sprachkursen). Die Wirkungsanalysen ergaben zwar bedeutsame Verbesserungen der Sprachfähigkeiten der Kinder, aber diese ließen sich nicht auf die drei Sprachförderprogramme zurückführen, da sie keine differenzierten Wirkungen hervorriefen. Noch dazu verbesserten die Kinder ohne zusätzliche Förderung ihre Sprachfähigkeiten in mehr oder minder vergleichbarem Maße. Außerdem gelang es den Kindern mit zusätzlichem Förderbedarf nicht, den Entwicklungsvorsprung der anderen Kinder aufzuholen (Schakib-Ekbatan et al., 2007).

Alles in allem sind Programme also nicht „die Lösung". Sie dürfen aber als wesentliches professionelles Handwerkszeug gelten, das Erzieherinnen bzw. Lehrkräfte dabei unterstützen kann, Sprachförderung kompetent zu gestalten. Ob und wieweit das gelingt, hängt allerdings entscheidend davon ab, dass die Programme in adäquate sprachliche Interaktionen mit dem Kind umgesetzt sowie mit weiteren Angeboten stimmig verknüpft werden.

4. Sprachförderkompetenz

Betrachtet man „Bildung als Antwortgeschehen in pädagogischen Interaktionen" zwischen Erzieherin und Kind, „provoziert und angestiftet durch ein vernehmendes Denken", das vom Erwachsenen ausgeht, wobei sich beide „in ein Hören und Sagen in wechselnden Rollen hineinziehen" lassen (Meyer-Drawe, 2000, S. 44), so wird deutlich, dass die Möglichkeit von Bildung letztlich durch die „Modalitäten des Hörens und Sprechens", also im Verlauf sprachlicher Interaktionen vermittelt wird (Meyer-Drawe & Waldenfels, 1988, S. 276).

4.1 Didaktische Kompetenz

Gemäß jüngeren Forschungen kommt es entscheidend darauf an, dass die sprachlichen Interaktionen zu einem Prozess des „sustained shared thinking"[3] zwischen den Interagierenden führen (vgl. Sylva et al., 2004; Rogoff et al., 2003). Die Aufgabe des Erwachsenen besteht dabei darin, das Kind durch bewusst eingesetzte adaptive Unterstützungs-, aber auch Herausforderungsstrategien („guided participation"[4]) in die Lage zu versetzen, sich der Welt immer umfassender bewusst zu werden. Erzieherinnen können also vor allem dann wirksame Sprachförderung betreiben, wenn sie über die notwendige didaktische Kompetenz im Hinblick auf Sprachförderung (Sprachförderkompetenz) verfügen, um adäquate sprachliche Interaktionen einzuleiten und zu moderieren (Fried, 2008a).

Wie es um diese Kompetenz von Erzieherinnen bestellt ist, kann u.a. anhand von Studien beantwortet werden, die, ausgehend von einem definierten Kompetenzmodell, ausloten, welche sprachförderrelevanten Haltungen bzw. welches sprachförderrelevante Wissen und Können bei Erzieherinnen vorhanden ist. Fried (z.B. 2008c) ist dem in mehreren Befragungs- und Beobachtungsstudien nachgegangen.

In Bezug auf Haltungen und Wissen stellte sich dabei u.a. heraus, dass Erzieherinnen es für notwendig halten, alle Aspekte von (Schrift-)Sprache gezielt bzw. systematisch zu fördern; und dass sie es für wesentlich halten, dabei jedes Kind gemäß seinen individuellen Bedürfnissen zu fördern. Sie betrachten Sprachdiagnostik als genuinen Bestandteil von Sprachförderung; und sie sind der Meinung, dass Sprachförderung als gemeinsame Aufgabe von Elternhaus und Kindertageseinrichtung betrachtet werden muss. Gleichzeitig hegen sie Zweifel, ob bzw. wieweit sie dem bereits gerecht zu werden vermögen. So wünschen sie sich mehr Qualifizierung und Beratung – vor allem in Bezug auf Sprachdiagnostik und Elternarbeit. Außerdem hätten sie gern Angebote, um ihre Interaktions- bzw. Dialogstrategien zu erweitern. Bei näherer Betrachtung wurde außerdem deutlich, dass sich die Erzieherinnen – je nach Erfahrung, Engagement, Funktion usw. – erheblich in ihren Wissensprofilen unterscheiden. So fehlt es manchen Erzieherinnen vor allem an Informationen über Konzepte und Verfahren. Andere strebten eher nach mehr aktuellem Fachwissen. Bei wieder anderen entsprachen Haltungen oder die Art, mit Problemen umzugehen, nicht den geltenden professionellen Standards usw.

---

3 langandauernde geteilte Denkprozesse
4 angepasste Moderation

Im Hinblick auf das Könnensrepertoire der Erzieherinnen zeigte sich, dass die Qualität der Interaktionen – je nach Könnensdimension – mehr oder minder zufriedenstellend ist. Am positivsten stellte sich die Beziehungsqualität dar. Hier zeigten sich „gute" bis hin zu „exzellenten" Fertigkeiten. Die Organisationsfertigkeiten erwiesen sich als nicht ganz so hochqualitativ, aber immer noch „gut" entwickelt. Demgegenüber waren die Interaktionen in Bezug auf die „adaptiven Unterstützungsstrategien", vor allem aber in Bezug auf die „sprachlich-kognitiven Herausforderungsstrategien" lediglich mäßig ausgeprägt (vgl. Fried, 2008c; Fried & Briedigkeit, 2008). So werden noch zu selten „offene Fragen" gestellt, „thematische Zusammenhänge" erklärt, inhaltlich verwandte „Themen miteinander verbunden" oder schrittweise „Zusammenhänge hergestellt", die sich auf den ersten Blick nicht zeigen usw. Das Könnensregister ist also noch ausbaufähig. So interagieren die Erzieherinnen zwar, was die Beziehungsebene betrifft, bereits auf hohem Niveau; aber es hapert ausgerechnet an den Strategien, die am ehesten gewährleisten, dass „sustained shared thinking" begünstigt bzw. provoziert wird.

4.2 Elternarbeit

Forschungsergebnisse unterstreichen zudem, dass Sprachförderung am ehesten gelingt, wenn die Eltern dabei mitarbeiten bzw. koordinierte Fördermaßnahmen im Elternhaus und in der Kita stattfinden. Hintergrund dafür ist, dass Eltern die Sprachentwicklung ihres Kindes prinzipiell stärker beeinflussen können, als in dies Kindertageseinrichtungen möglich ist (vgl. z.B. Tietze, Roßbach & Grenner, 2005). Dem versucht man z.B. dadurch gerecht zu werden, dass Erzieherinnen den Eltern in Gesprächen (zum Teil unterstützt durch Videoaufnahmen des Kindes im Elternhaus oder in der Kindertageseinrichtung) Informationen und Anregungen weitergeben, wie sie ihr Kind parallel bzw. koordiniert zu Hause sprachlich fördern können (vgl. Fried, Briedigkeit & Schunder, 2008). Dadurch kann man nicht zuletzt verhindern, dass Eltern, die bemerken, dass ihr Kind nicht so gut spricht wie Gleichaltrige, dies dadurch zu kompensieren versuchen, dass sie ihm die Kommunikation möglichst abnehmen, also an seiner Stelle sprechen, seine angefangenen Äußerungen fortsetzen usw. Dadurch unterfordern sie aber ihr Kind, was zur Folge haben kann, dass sie seine Sprachentwicklung ausbremsen (z.B. Ritterfeld, 2000, S. 83).

5. Sprachförderorientierung Delfin 4

Den bis hierhin kurz zusammengefassten vielfältigen Erkenntnissen zur Sprachförderung haben wir bei der Konstruktion der „Sprachförderorientierungen Delfin 4" gerecht zu werden versucht. Abschließend soll wenigstens kurz angetippt werden, wie das Resultat aussieht (vgl. Fried, Briedigkeit & Schunder, 2008).

5.1 Aufbau

Wie auch beim Diagnoseinstrument Delfin 4 (Stufe 1 und 2) der Fall, wird bei der Sprachförderung nach Delfin 4 zwischen vier Kernbereichen der Sprachentwicklung unterschieden. Dementsprechend beinhalten die Handreichungen folgende Bausteine zur Sprachförderung: Wortschatz, Morphosyntax, Erzählen und Phonembewusstheit. Dazu kommt noch das Zusatzmodul Artikulation (vgl. Fried, unter Mitarbeit von Briedigkeit & Schunder, 2009).

Jeder dieser Bausteine ist gleich aufgebaut. Im ersten Teil werden ganz knapp die aktuellen wissenschaftlichen Grundlagen zu den jeweiligen Bereichen vermittelt. Dabei werden Antworten auf folgende Fragen gegeben: Was sind die grundlegenden Begriffe und Theorien? Wie entwickelt sich der Bereich? Was sind typische Probleme bei der Entwicklung? Wie hängt die Entwicklung mit anderen Persönlichkeitsbereichen zusammen? Wie wird der Bereich gelernt? Wie beeinflusst die Lernumgebung die Entwicklung?

Im zweiten Teil wird gefolgert, was sich aus den wissenschaftlichen Grundlagen für die Sprachförderung ergibt. Es werden jeweils die Sprachstrukturen identifiziert, um die es bei der Förderung geht; wie z.B. bei der Morphosyntaxförderung um die für vierjährige Kinder typischen Satzbaumuster (Mehrwortsätze, Satzgefüge, Fragesätze), Wortbildungsmuster (Wortbildungselemente, Flexionsmuster des Verbs und des Plurals) sowie Funktionswörter (Artikel, Präpositionen). Des Weiteren werden die Lernformen bzw. -hierarchien gekennzeichnet, die vierjährige Kinder durchlaufen, wenn sie sich einen Sprachbereich schrittweise erobern; wie z.B. die Aneignung der Sprachstrukturen mittels Hören, Verstehen, Wiederholen, Ergänzen, Reformulieren und Produzieren. Schließlich werden Fördermöglichkeiten genannt, wie z.B. Spiele, Reime, Lieder, Gedichte, Bilderbücher, Gespräche, Geschichten, Projekte, Exkursionen, Übungen, Programme usw. Dabei wird jeweils erläutert, welche dieser Formate, Methoden oder Medien für eine alltagsintegrierte Förderung praxisgeeignet erscheinen bzw. welche strukturierten Programme sich als praxiswirksam erwiesen haben. Die eingestreuten Beispiele dienen dazu, sich ein konkreteres Bild der Sprachfördermöglichkeiten zu machen.

Die Bausteine zur Sprachförderung werden ergänzt durch Hinweise zur „Elternarbeit". Es wird auf bewährte Methoden der häuslichen Sprachförderung verwiesen, wie z.B. das „dialogische Bilderbuchlesen". Kerngedanke dieser Methode ist, dem Kind möglichst viel Raum zu geben, sich auszudrücken, so dass es angeregt und befähigt wird, eigene Interessen zu verdeutlichen, eigene Gedanken und Empfindungen zu formulieren sowie über eigene Erfahrungen zu berichten. Um das zu erreichen, müssen sich Erwachsene ganz auf das Kind einstellen. Das bedeutet, den Gedankengängen des Kindes zu folgen, es zu ermutigen, diese weiter zu spinnen, es anzuregen, bislang nicht beachtete Gesichtspunkte zu berücksichtigen usw.; es bedeutet aber auch, dem Kind zu helfen, an seinen Sprachmitteln zu arbeiten, indem seine Äußerungen in korrekter Form wiederholt bzw. erweitert werden. Im Baustein werden Informationen und Anregungen gegeben, wie Erzieherin und Eltern dementsprechende Gesprächsformate einüben bzw. wie die Erzieherin sie den Eltern vermitteln kann.

5.2 Umsetzung

Bei der Gestaltung der Sprachförderung müssen zahlreiche Faktoren berücksichtigt werden, die mit der Sprachkompetenz des Kindes bzw. der Gruppe zusammenhängen bzw. sich aus der Situation in der Kindertageseinrichtung ergeben.

Was die Sprachkompetenz des Kindes bzw. der Kindergruppe betrifft, so müssen folgende Fragen geklärt werden: Wie sieht das Entwicklungsprofil des Kindes bzw. sehen die Entwicklungsprofile der Gruppe aus? Um welche Sprachstrukturen bzw. Lernformen geht es vorrangig? Wie intensiv muss die Förderung sein (zeitlich, organisatorisch)? Können die unterschiedlichen Förderbedürfnisse in Einklang gebracht werden? usw.

In Bezug auf die Situation in der Kindertageseinrichtung stellen sich darüber hinaus folgende Fragen: Welche Förderziele werden kurz-, mittel- und langfristig für einzelne Kinder und/oder für eine Kindergruppe angestrebt? Im Rahmen welcher Förderformate (Rollenspiele, Bilderbuchbetrachtungen, Geschichten erzählen, didaktische Spiele usw.) wird ihnen nachgegangen? Wie gut sind diese schon in den Alltag integriert? Werden speziell ausgerichtete Programme und Übungen schon genügend berücksichtigt? Wie kann die Förderung eines Sprachentwicklungsbereiches mit der Förderung der anderen Sprachentwicklungsbereiche, sonstiger Entwicklungsförderung sowie den anderen Bildungsangeboten verquickt werden? Welche Ressourcen in Form von Kolleginnen, Fachdiensten, Fachexperten, aber auch Eltern usw. können in die Maßnahme eingebunden werden? usw.

Dreh- und Angelpunkt dieser Maßnahmen und damit entscheidend für den Erfolg sind klare koordinierte Planungen sowie regelmäßige begleitende Reflexionen, deren Ergebnis wiederum auf die Planungen einwirkt. Dies stellt hohe Ansprüche an die Erzieherin. Deshalb werden im Baustein „Selbst- und Teamqualifizierung" Hinweise gegeben, mit welchen Handlungsschritten (und unter Beachtung welcher Leitfragen) man von den Testergebnissen zur Planung, Umsetzung und Reflexion konkreter Fördermaßnahmen gelangen kann. Darüber hinaus werden Anregungen gegeben, wie eine Erzieherin oder pädagogische Fachkraft erkennen kann, was sprachförderrelevantes Wissen und Können konkret beinhaltet, wo sie selbst in Bezug auf ihre eigene Sprachförderkompetenz steht, und wie sie diese ggf. gezielt weiterentwickeln kann. Zu diesem Zweck bieten die Handreichungen sowohl visuelle (DVD), als auch schriftliche Informationen (Ringbuch). Dabei wird einmal verdeutlicht, wie die Interaktionen im Alltag (noch) sprachförderlicher gestaltet werden können, zum anderen am Modell gezeigt, wie spezifische Übungen mit den Kindern aussehen können.

Literatur

Abedi, J. (2004). The No Child Left Behind Act and English language learners: Assessment and accountability issues. *Educational Researcher 33*, 4–14.

Autorengruppe Bildungsberichterstattung (2008). *Bildung in Deutschland 2008. Ein indikatorengestützter Bericht mit einer Analyse zu Übergängen im Anschluss an den Sekundarbereich*. Berlin: Bundesministerium für Bildung und Forschung.

Barres, E. (1972). *Erziehung im Kindergarten*. Weinheim: Beltz.

Becker, B. & Biedinger, N. (2006). Ethnische Bildungsungleichheit zu Schulbeginn. *Kölner Zeitschrift für Soziologie und Sozialpsychologie 58*, 660–684.

Bernstein, B. (1979[7]). *Familienerziehung, Sozialschicht und Schulerfolg*. Weinheim: Beltz.

Blochmann, E. (Hrsg.). (1965[4]). *Fröbels Theorie des Spiels I*. Weinheim: Beltz.

Bos, W., Lankes, E.-M., Prenzel, M., Schwippert, K., Walther, G. & Valtin, R. (Hrsg.). (2003). *Erste Ergebnisse aus IGLU. Schülerleistungen am Ende der vierten Jahrgangsstufe im internationalen Vergleich*. Münster/New York/München/Berlin: Waxmann.

Bos, W., Hornberg, S., Arnold, K.-H., Faust, G., Fried, L., Lankes, E.-M., Schwippert, R. & Valtin, R. (Hrsg.) (2007). *IGLU 2006: Lesekompetenzen von Grundschulkindern in Deutschland im internationalen Vergleich*. Münster/New York/München/Berlin: Waxmann.

Campbell, F.A., Pungello, E.P. & Ramey, C.T. (2001). The development of cognitive and academic abilities: Growth curves from an early childhood educational experiment. *Developmental Psychology 37*, 231–242.

Champion, T.B., Hyter, Y.D., McCabe, A., Bland-Stewart, L.M. (2003): "A matter of vocabulary": Performances of low-income African-American Head Start children on the Peabody Picture Vocabulary Test-III. *Communication Disorders Quarterly 24*, 121–127.

Chatterji, M. (2006). Reading achievement gaps, correlates, and moderators of early reading achievement: evidence from the Early Childhood Longitudinal Study (ECLS) kindergarten to first grade sample. *Journal of Educational Psychology 98*, 489–507.

Cummins, J. (1979): Cognitive/academic language proficiency and linguistic interdependence, the optimum age question and some other matters. *Working Papers on Bilingualism 19*, 1–43.

Cummins, J. (2003). *BICS and CALP. Dr. Cummins' ESL and Second Language Learning* Download: http://www.iteachilearn.com/cummins/bicscalp.html [24.01.2009].

Dalferth, J.U. (2003). *Die Wirklichkeit des Möglichen*. Tübingen: Mohr Siebeck.

Daseking, M., Oldenhage, M. & Petermann, F. (2008). Der Übergang vom Kindergarten in die Grundschule – eine Bestandsaufnahme. *Psychologie in Erziehung und Unterricht 55*, 84–99.

Diaz-Rico, L. & Weed, K. (1995). *The crosscultural, language, and academic development handbook*. Boston: Allyn and Bacon.

DJI-Projekt Multikulturelles Kinderleben (1999). *Mehrsprachigkeit im kulturellen Kinderleben. Eine Tagungsdokumentation*. München: DJI, Projektheft 2.

Dufour, D.-R. (2006). Narrative Konstruktionen von Staatsbürgerschaft in Europa. In J. Demargon, D.-R. Dufour, K. Eder, H. Nicklas (Hrsg.), *Europa – ein politischer Mythos?* (13–36). Berlin/Paris: Deutsch-Französisches Jugendwerk, Arbeitstext Nr. 22.

Fried, L. (1985). *Prävention bei gefährdeter Lautbildungsentwicklung. Eine Untersuchung über die Förderungsmöglichkeiten von Kindergartenkindern*. Weinheim: Beltz.

Fried, L. (2006). Schwerpunktthema: Sprachstandserhebungen für Kindergartenkinder und Schulanfänger. *Sprache – Stimme – Gehör 30*, 45–92.

Fried, L. (2008a). Bildung und didaktische Kompetenz. In: W. Thole, H.-G- Roßbach, M. Fölling-Albers & R. Tippelt (Hrsg.), *Bildung und Kindheit. Pädagogik der Frühen Kindheit in Wissenschaft und Lehre,* 141–151. Opladen: Barbara Budrich.

Fried, L. (2008b). Pädagogische Sprachdiagnostik für Vorschulkinder – Dynamik, Stand und Ausblick. *Zeitschrift für Erziehungswissenschaft 10*, Sonderheft 11/2008, 63–78.

Fried, L. (2008c). Professionalisierung von Erzieherinnen am Beispiel der Sprachförderkompetenz – Forschungsansätze und erste Ergebnisse. In: H. von Balluseck, (Hrsg.), *Professionalisierung in der Frühpädagogik* (265–277). Opladen: Barbara Budrich.

Fried, L. (erscheint 2009). Education, language, and professionalism: Issues in the professional development of early years practitioners in Germany. *Early Years 29* (Issue 1).

Fried, L. & Briedigkeit, E. (2008). *Sprachförderkompetenz. Selbst- und Teamqualifizierung für Erzieherinnen, Fachberatungen und Ausbilder*. Berlin: Cornelsen Scriptor.

Fried, L., Briedigkeit, E. & Schunder, R. (2008). *Delfin 4 – Sprachförderorientierungen. Eine Handreichung*. Düsseldorf: Ministerium für Generationen, Familie, Frauen und Integration des Landes Nordrhein-Westfalen.

Fried, L., unter Mitarbeit von Briedigkeit, E. & Schunder, R. (2009). *Sprachkompetenzmodell Delfin 4. Testmanual (1. Teil)*. Dortmund: Technische Universität Dortmund, Lehrstuhl Pädagogik der frühen Kindheit.

Fried, L. & Roux, S. (Hrsg.). (2006). *Pädagogik der frühen Kindheit*. Weinheim: Beltz.

Grimm, H. (Hrsg.) (2000). *Sprachentwicklung*. Göttingen: Hogrefe.

Halle, T., Calkins, J., Berry, D. & Johnson, R. (2003). *Promoting language and literacy in early childhood care and education settings*. Washington, DC: Child Care & Early Education Research Connections (CCEERC), Literature Review. Download: www.childcareresearch.org [05.05.2005].

Hoffmann, E. (Hrsg.). (1961[2]). Friedrich Fröbel. Ausgewählte Schriften. Bd. 2: Die Menschenerziehung. Bonn-Bad Godesberg: Küpper.

Jampert, K., Best, P., Guadatiello, D., Holler, D. & Zehnbauer, A. (2007). *Schlüsselkompetenz Sprache. Sprachliche Bildung und Förderung im Kindergarten*. 2. aktualisierte und überarb. Auflage. Berlin: Verlag das Netz.

Jugendministerkonferenz (2004). *Gemeinsamer Rahmen der Länder für die frühe Bildung in Kindertageseinrichtungen. Gemeinsamer Beschluss der Jugendministerkonferenz und Kultusministerkonferenz vom 13./14. Mai 2004*. Gütersloh.

Keller, A.M. (2007). *Bildung in der frühen Kindheit – Eine Inhaltsanalyse der Bildungs- und Erziehungsempfehlungen der 16 deutschen Bundesländer*, unveröffentlichte Diplomarbeit. Landau: Universität Koblenz-Landau, Abteilung Landau, Fachbereich Erziehungswissenschaft.

Krajewski, K., Schneider, W. & Nieding, G. (2008): Zur Bedeutung von Arbeitsgedächtnis, Intelligenz, phonologischer Bewusstheit und früher Mengen-Zahlen-Kompetenz beim Übergang vom Kindergarten in die Grundschule. *Psychologie in Erziehung und Unterricht 55*, 100–113.

Küspert, P. & Schneider, W. (2000[2]). *Hören, lauschen, lernen. Sprachspiele für Kinder im Vorschulalter. Würzburger Trainingsprogramm zur Vorbereitung auf den Erwerb der Schriftsprache*. Göttingen: Vandenhoeck & Ruprecht.

Lipsky, J. (1973). Vorschulische Sprachförderung – verschulte Spracherziehung? In: J. Zimmer (Hrsg.), *Curriculumentwicklung im Vorschulbereich. Bd. 1* (207–250). München: Piper.

Marx, E. (2006). Profitiert das kindliche Sprachsystem von anderen kognitiven Entwicklungsbereichen? Pilotstudie zum Zusammenhang von Spracherwerb und induktivem Denken. *Zeitschrift für Entwicklungspsychologie und Pädagogische Psychologie 38*, 139–145.

Marx, E. & Klauer, K. J. (2007). *Keiner ist so schlau wie ich*. Göttingen: Vandenhoek & Ruprecht.

Mengering, F. (2005). Bärenstark – Empirische Ergebnisse der Berliner Sprachstandserhebung an Kindern im Vorschulalter. *Zeitschrift für Erziehungswissenschaft 1*, 241–262.

Meyer-Drawe, K. (2000). Ästhetische Emanzipation. Suchbewegungen. In: C. Dietrich & H.-R. Müller (Hrsg.), *Bildung und Emanzipation* (43–48). Weinheim: Juventa.

Meyer-Drawe, K. & Waldenfels, B. (1988). Das Kind als Fremder. *Vierteljahresschrift für wissenschaftliche Pädagogik 64*, 271–287.

Netz, T. (1998). *Erzieherinnen auf dem Weg zur Professionalität. Studien zur Genese der beruflichen Identität*. Frankfurt: Lang.

Oevermann, U. (1970). Schichtenspezifische Formen des Sprachverhaltens und ihr Einfluß auf die kognitiven Prozesse. In H. Roth (Hrsg.), *Begabung und Lernen. Gutachten und Studien der Bildungskommission, Bd. 4*, 138–197. Stuttgart: Klett.

Plume, E. & Schneider, W. (2004). *Hören, lauschen, lernen 2. Spiele mit Buchstaben und Lauten für Kinder im Vorschulalter*. Göttingen: Vandenhoeck & Ruprecht.

Puntel, L. B. (2006). *Struktur und Sein: Ein Theorierahmen für eine systematische Philosophie*. Tübingen: Mohr Siebeck.

Richter, G. (1926). *Deutsche Spracherziehung bei Friedrich Fröbel*, unveröffentlichte Dissertation. Halle: Universität.

Ritterfeld, U. (2000). Zur Prävention bei Verdacht auf eine Spracherwerbsstörung: Argumente für eine gezielte Interaktionsschulung der Eltern. *Frühförderung interdisziplinär 19*, 80–87.

Röchner, M. (1987). Erziehungspraxis im Kindergarten: Curricula, Einstellungen und Verhalten. In: B. Wolf (Hrsg.), *Zuwendung und Anregung* (159–195). Weinheim: DSV.

Rogoff, B., Paradise, R., Mejía Arauz, R., Correa-Chávez, M. & Angelillo, C. (2003). Firsthand learning through intent participation. *Annual Review of Psychology 54*, 175–203.

Roßbach, H.-G., Kluczniok, K. & Isenmann, D. (2008). Erfahrungen aus internationalen Längsschnittuntersuchungen. In H.-G. Roßbach & S. Weinert (Hrsg.), *Kindliche Kompetenzen im Elementarbereich: Förderbarkeit, Bedeutung und Messung* (7–88). Berlin: Bundesministerium für Bildung und Forschung.

Schakib-Ekbatan, K., Hasselbach, P., Roos, J. & Schöler, H. (2007). *Die Wirksamkeit der Sprachförderungen in Mannheim und Heidelberg auf die Sprachentwicklung im letzten Kindergartenjahr*. Download: http://www.sagmalwas-bw.de/projekt01/media/pdf/EVAS_Erste_Ergebnisse.pdf [12.06.2008].

Scheuerl, H. (1974²). Spiel und Bildung. In: A. Flitner (Hrsg.), *Das Kinderspiel* (18–29). München: Piper.

Schmalohr, E. (1971). *Den Kindern eine Chance. Aufgaben der Vorschulerziehung*. München: dtv.

Schmaus, M. & Schörl, M. (1978). Sozial-pädagogische Arbeit im Kindergarten. München: Kösel.

Schneider, W., Roth, E. & Küspert, P. (1999). Frühe Prävention von Lese-Rechtschreibproblemen: Das Würzburger Trainingsprogramm zur Förderung sprachlicher Bewusstheit bei Kindergartenkindern. *Kindheit und Entwicklung 8*, 147–152.

Schöler, H., Dutzi, I., Roos, J., Schäfer, P., Grün-Nolz, P. & Engler-Thümmel, H. (2004). *Einschulungsuntersuchungen 2003 in Mannheim*. Heidelberg: Pädagogische Hochschule, Arbeitsberichte aus dem Forschungsprojekt ‚Differenzialdiagnostik', Nr. 16.

Shiotsu, T. (2007). The relative significance of syntactic knowledge and vocabulary breadth in the prediction of reading comprehension test performances. *Language Testing 24*, 99-128.

Skutnabb-Kangas, T. & Toukomaa, P. (1976). *Teaching migrant children's mother tongue and learning the language of the host country in the context of the sociocultural situation of the migrant family*. Helsinki: The Finnish National Commission for UNESCO.

Sylva, K., Melhuish, E., Sammons, P., Siraj-Blatchford, I. & Taggart, B. (2004). *The Effective Provision of Pre-School Education (EPPE) Project: Final Report. A longitudinal study funded by the DfES 1997–2004*. London: University of London, Institute of Education.

Tietze, W., Roßbach, H.-G. & Grenner, K. (2005). *Kinder von 4 bis 8 Jahren. Zur Qualität der Erziehung und Bildung in Kindergarten, Grundschule und Familie*. Weinheim: Beltz.

Whitehurst, G.J. & Fischel, J.E. (1994). Practitioner review: early developmental language delay: what, if anything, should the clinician do about it? *Journal of Child Psychology and Psychiatry 35*, 613–648.

Zimmer, J. (Hrsg.). (1973). *Curriculumentwicklung im Vorschulbereich*. Bd. 1. München: Piper.

Prof. Dr. Lilian Fried

Professorin an der Technischen Universität Dortmund, Lehrstuhl „Pädagogik der frühen Kindheit", Dipl.-Päd.; Forschungsschwerpunkte: Kindergartenqualität, professionelle Handlungskompetenz von Erzieherinnen; Entwicklung, Qualitätsprüfung und Wirksamkeit von Verfahren zur Sprachkompetenzdiagnose und -förderung; Erfassung und Förderung der Kompetenzentwicklung von Kindern im Bereich Erzählen, Naturwissenschaft und Mathematik in der Phase des Übergangs vom Kindergarten zur Grundschule; Erfassung und Förderung sozial-emotionaler Kompetenzen; aktuelle Veröffentlichungen: Delfin 4 Tests und Handreichungen; Expertise/Überblicksartikel zum Stand der Sprachdiagnostik im Elementarbereich, Selbst- und Teamqualifizierung der Sprachförderkompetenz von Erzieherinnen, Beobachtungs- und Dokumentationsverfahren zur Kompetenzentwicklung von Kindern u.a.m.

Petra Hanke und Benedikt Rathmer

KOOPERATION ZWISCHEN KINDERTAGESEINRICHTUNGEN UND GRUNDSCHULEN IM KONTEXT DER SPRACHSTANDSDIAGNOSE DELFIN 4 – KONZEPTION DES TRANS-KIGS-PROJEKTES NRW (PHASE II)

1. Problemaufriss zum Projekt

Die Bedeutung von Kooperation zwischen Kindertageseinrichtungen und Grundschulen für die Bewältigung des Übergangs durch Kinder wird sowohl in bildungspolitischen Vorgaben als auch in pädagogischen Fachpublikationen seit langem hervorgehoben. Während in den 1970er Jahren als zentrales Ziel der Kooperation zwischen Kindergarten und Grundschule die Gewährleistung von Kontinuität in der Gestaltung des Übergangs und der Förderung der Lern- und Bildungsprozesse von Kindern galt, zielt die Kooperation in den letzten Jahren im Sinne des Transitionsansatzes (Griebel & Niesel, 2004) auf die Herstellung von Anschlussfähigkeit zwischen Elementar- und Primarbereich (Faust, Götz, Hacker & Rossbach, 2004; Hanke, 2007). „Anschlussfähigkeit" in der Gestaltung des Übergangs von der Kita zur Grundschule geht über Kontinuität hinaus, auch pädagogisch genutzte Diskontinuitäten werden als Entwicklungsanregungen für Kinder gesehen (Faust, 2008). Sowohl in den bildungsprogrammatischen Vorgaben als auch in den pädagogischen Veröffentlichungen wird zumeist normativ von einer Produktivität und Wirksamkeit von Kooperation zwischen den pädagogischen Fachkräften in Kita und Grundschule sowie Eltern ausgegangen.

Entsprechend findet sich die Forderung nach einer Stärkung der Zusammenarbeit zwischen den beiden Bildungsinstitutionen Kita und Grundschule in verschiedenen neueren bildungspolitischen Beschlüssen und Empfehlungen sowie in praxisorientierten Projekten auf Verbundebene wieder, z.B. in dem gemeinsamen Beschluss der Jugendministerkonferenz und der Kultusministerkonferenz 2004 zu einem „Gemeinsamen Rahmen der Länder für die frühe Bildung in Kindertageseinrichtungen" sowie in dem seit 2005 laufenden Verbundprojekt „TransKiGs".

Anliegen des bis Ende 2006 von Bund und Ländern unterstützten BLK-Programmes und des seit 2007 vom Bundesministerium für Bildung und Forschung geförderten Verbundprojektes „Transition vom Kindergarten in die Grundschule (TransKiGs)" ist es, die Bildungs- und Erziehungsqualität in Kindertageseinrichtungen und Grundschulen zu stärken und den Übergang zwischen den beiden Bildungseinrichtungen zu verbessern. Dafür soll u.a. die Kooperation aller Beteiligten (in Kindertageseinrichtung, Grundschule und Elternhaus) weiterentwickelt werden (Projektflyer Verbundprojekt 2008). Am Verbundprojekt nehmen die Bundesländer Berlin, Brandenburg, Bremen, Nordrhein-Westfalen und Thüringen teil.

Die Zielstellung des Landesprojektes TransKiGs Nordrhein-Westfalen bestand in der ersten – praxisorientiert angelegten – Phase (2/2005 – 8/2008) darin, in der Praxis existierende Arbeitskreise zur Kooperation von Kindertageseinrichtungen und Grundschule landesweit zu erfassen, zu vernetzen sowie Beispiele „guter" Kooperationspraxis zu dokumentieren.

Von bildungspolitischer Seite aus hat in den letzten Jahren in Nordrhein-Westfalen für den Elementarbereich eine weitere Schwerpunktsetzung stattgefunden: Seit 2007 wird der Sprachstand aller Kinder zwei Jahre vor der Einschulung verbindlich festgestellt. Dafür wurde wissenschaftlich fundiert ein Sprachstandsdiagnoseverfahren entwickelt („Delfin 4"; Fried, 2008), auf dessen Grundlage nach § 36 Abs. 2 des Schulgesetzes für Nordrhein-Westfalen (2006) die Kinder zu ermitteln und zusätzlich zu fördern sind, bei denen sich zwei Jahre vor der Einschulung Sprachschwierigkeiten abzeichnen. Da die obligatorische Teilnahme der Vierjährigen an der Sprachstandsfeststellung in rechtlicher Hinsicht nur im Vorgriff auf die Schulpflicht begründet werden kann, wurde die Durchführung des Sprachstandsdiagnoseverfahrens auf die staatlichen Schulämter und damit auf die Grundschullehrkräfte übertragen. Zu einer pädagogisch fach- und kindgerechten Umsetzung des Verfahrens (insbesondere von Stufe 1) wird von den Ministerien für Schule und Weiterbildung sowie für Generationen, Familie, Frauen und Integration des Landes Nordrhein-Westfalen eine enge Kooperation von Grundschullehrkräften und den Fachkräften aus der Kindertageseinrichtung als wünschenswert hervorgehoben (MSW/MGFFI, 2007; vgl. auch § 36 Abs. 2 Schulgesetz NRW 2006). Im Kinderbildungsgesetz (§ 14 KiBiz 2007) wird darüber hinaus die Zusammenarbeit der Kita mit der Schule zur Wahrnehmung einer gemeinsamen Verantwortung für die beständige Förderung des Kindes und seinen Übergang in die Grundschule festgeschrieben. Verschiedene Formen der gemeinsamen

Gestaltung des Übergangs werden darin benannt (wie eine gegenseitige Information über die Bildungsinhalte, -methoden und -konzepte in beiden Institutionen, gegenseitige Hospitationen, gemeinsame Informationsveranstaltungen für Eltern, gemeinsame Konferenzen zur Übergangsgestaltung, gemeinsame Fort- und Weiterbildungsmaßnahmen) sowie die Träger zur Kooperation mit den zuständigen Schulämtern im Zusammenhang mit der Sprachstandsfeststellung und Sprachförderung verpflichtet.

Mit der Verankerung einer verbindlichen Sprachstandsfeststellung im Schulgesetz NRW 2006 (§ 36 Abs. 2) sowie im Kinderbildungsgesetz NRW 2007 (KiBiz § 14 Abs. 3) wurde von bildungspolitischer Seite eine spezifische Implementationsstrategie gewählt. Im Sinne einer Top-down-Strategie werden auf einer bildungsprogrammatischen Grundlage die Ziele und Inhalte der Innovation (Sprachstandsdiagnose in Kooperation von Elementar- und Primarbereich) festgelegt, die in der Praxis verbreitet werden soll (Gräsel & Parchmann, 2004).

Zielstellung der wissenschaftlich ausgerichteten zweiten Phase des TransKiGs-Projektes Nordrhein-Westfalen besteht im Auftrag der Ministerien für Generationen, Familie, Frauen und Integration sowie für Schule und Weiterbildung des Landes Nordrhein-Westfalen seit August 2008 darin zu untersuchen, inwiefern sich über die gemeinsame Durchführung eines verbindlichen Sprachstandsfeststellungsverfahrens (speziell im Durchgang 2008) Veränderungen in Bezug auf die Kooperation zwischen den pädagogischen Fachkräften der Kindertageseinrichtungen und den Grundschullehrkräften, d.h. in Bezug auf die Arbeit der beiden Institutionen, ergeben haben und welche Rahmenbedingungen sich für diese interinstitutionelle Kooperation als unterstützend oder hemmend erweisen. Es handelt sich somit um eine Evaluation der vonseiten der Landesministerien gewählten Implementationsstrategie im Hinblick auf den konkreten Aspekt der Kooperation.

Wie sich die Kooperation zwischen Kita und Grundschule bei der Durchführung des Sprachstandsfeststellungsverfahrens auf die Sprachstandsdiagnose, auf die Sprachförderung oder auf die Bewältigung des Übergangs in die Grundschule bei den Kindern auswirkt, findet in diesem konkreten Auftrag keine Berücksichtigung.

2. „Kooperation zwischen Kita und Grundschule im Kontext von Delfin 4" als Evaluationsgegenstand

In der zweiten Projektphase von TransKiGs Nordrhein-Westfalen liegt der Schwerpunkt auf *Kooperation* im Zusammenhang mit einer verbindlich von Erzieherinnen und Grundschullehrkräften durchzuführenden Sprachstandsdiagnose.

„Kooperation" ist in verschiedenen Disziplinen ein Thema: u.a. in den Wirtschaftswissenschaften, der Soziologie, der Anthropologie, der Sozial- und Organisationspsychologie, der Politikwissenschaft, der Erziehungswissenschaft (Spieß, 2004). Spieß stellt fest, dass insbesondere Arbeiten aus dem sozialwissenschaftlichen Bereich dazu neigen, Kooperation normativ vorwiegend positiv konnotiert zu beschreiben (Spieß, 2004). Neuere Ergebnisse der Schuleffektivitäts- und Schulentwicklungsforschung, der Lehrerbelastungsforschung, der Forschung zu professionellen Lerngemeinschaften und der Implementationsforschung verweisen auf einer empirischen Grundlage durchaus auf positive Wirkungen von Lehrerkooperationen auf Organisations- und Entwicklungsprozesse in den Schulen, auf wichtige Dimensionen schulischer Qualität sowie auf die Übernahme und Umsetzung von Innovationen an Schulen (Herzmann, Sparka & Gräsel, 2006; Gräsel, Fußangel & Pröbstel, 2006; Maag Merki, 2009). Wie Terhart und Klieme hervorheben, kann (schulische) Kooperation jedoch sehr viele verschiedene Formen annehmen. Kooperation stellt sich dabei nicht automatisch und immer tatsächlich als ein positiver Beitrag zur Schul- und Unterrichtsentwicklung heraus (Terhart & Klieme, 2006).

In den folgenden Ausführungen wird zunächst das Verständnis von Kooperation im Zusammenhang mit dem vorliegenden Untersuchungsgegenstand zu klären sein. Was kennzeichnet eine *interinstitutionelle Kooperation* zwischen pädagogischen Fachkräften aus den zwei unterschiedlichen Institutionen Kindertageseinrichtung und Grundschule? Worin bestehen grundlegende Ziele der Kooperation zwischen den pädagogischen Fachkräften aus Kita und Grundschule im Kontext der gemeinsamen Sprachstandsdiagnose? Welche Kooperationsformen und Kooperationsniveaus sind in dem Zusammenhang möglich? Inwiefern liegen Untersuchungsbefunde zur Umsetzung dieser Kooperationsformen und -niveaus sowie zu deren Wirkungen auf die Arbeit der Erzieherinnen und Grundschullehrkräfte sowie auf die Förderung von Kindern in der Übergangsphase vor? Vor diesem Hintergrund sollen schließlich zentrale Ziel- und Fragestellungen des Projektes entwickelt sowie das entsprechend gewählte Untersuchungsdesign vorgestellt werden.

Kooperation (lat. cooperare) bedeutet zusammenarbeiten, mitarbeiten (Spieß, 2004). Kooperation in einem weit gefassten Verständnis gilt als eine „Form gesellschaftlicher Zusammenarbeit zwischen Personen, Gruppen oder Institutionen bzw. als soziale Interaktion" (Spieß, 2004, S. 194). In Anlehnung an Erkenntnisse der organisationspsychologischen Forschung und der Schulforschung wird von folgenden Kernbedingungen für Kooperation ausgegangen (Spieß, 2004; Gräsel u.a., 2006; Maag Merki, 2009):

1) *gemeinsame Ziele und Aufgaben* der Kooperationspartner

    Nach klassischen Ansätzen der Sozialpsychologie verfolgen Individuen ihre Ziele aus Eigeninteresse: Damit Individuen eine Zusammenarbeit als nützlich bewerten und sich auf sie einlassen, müssen sie eine positive wechselseitige Abhängigkeit ihrer Ziele mit den Zielen der anderen Kooperationspartner feststellen, d.h. die Zielerreichung eines Individuums muss die Zielerreichung der anderen unterstützen und umgekehrt. In verschiedenen Untersuchungen konnte gezeigt werden, wie bedeutsam gemeinsam getragene, transparente und klar formulierte Ziele und Aufgaben für effektive Kooperation sind (Gräsel u.a., 2006, S. 207).

    Die Ziele der gemeinsamen Sprachstandsdiagnose durch die pädagogischen Fachkräfte aus Kita und Grundschule bestehen nach den bildungsprogrammatischen Vorlagen darin zu ermitteln, ob der sprachliche Entwicklungsstand der Kinder zwei Jahre vor der Einschulung altersgemäß ist und ob ein zusätzlicher pädagogischer Sprachförderbedarf besteht. Inwiefern die Kooperationspartner aus der Kita in dem Zusammenhang eine positive Interdependenz ihrer Ziele mit den Zielen der anderen Kooperationspartner aus der Grundschule erleben und umgekehrt, inwiefern diese Ziele von den Kooperationspartnern beider Institutionen schließlich gemeinsam getragen werden, für sie hinreichend transparent und klar formuliert sind, ist bislang wenig empirisch erforscht.

2) *Reziprozität* im Sinne einer wechselseitigen Interaktion zwischen den Kooperationspartnern

    Für kooperatives Handeln steht nach Spieß eine wechselseitige, gleichgerichtete Interaktion bzw. ein gleichsinniger Austausch zwischen freien und gleichen Personen nach der Norm des wechselseitigen Gebens und Nehmens (Spieß, 2004, S. 196).

    Inwiefern bei der Durchführung einer gemeinsamen Sprachstandsdiagnose in Anbetracht der unterschiedlichen Ausgangsbedingungen für interinstitutionelle Kooperation zwischen Kita und Grundschule ein symmetrisches Verhältnis zwischen den Kooperationspartnern aus beiden Einrichtungen besteht bzw. bestehen kann, ist differenzierter zu untersuchen.

3) *Vertrauen* der Kooperationspartner
Als eine wesentliche Voraussetzung für Kooperation gilt, dass die Kooperationspartner sich gegenseitig vertrauen. Vertrauen – so Gräsel u.a. (2006, S. 208) – bezieht sich auf zukünftige Handlungen anderer, die sich der eigenen Kontrolle entziehen und die mit einem Risiko oder einer Bedrohung der eigenen Person einhergehen.
Vertrauen scheint im Verhältnis zwischen den pädagogischen Fachkräften aus Kita und Grundschule eine besondere Rolle einzunehmen. Einerseits fordert Vertrauen den Kooperationspartnern ab, dass sie sich auf eine Person verlassen, die sich der eigenen Kontrolle und der eigenen Institution entzieht. Andererseits wird das persönliche Sicherheitsempfinden insofern bedroht, als dass die andere Profession die eigenen beruflichen Fähigkeiten grundsätzlich in Frage stellen kann, wenn es sich beispielsweise um einen gemeinsamen, aber traditionell eher getrennt behandelten Gegenstand wie die Sprachstandsdiagnostik handelt.
4) ein gewisser Grad an *Autonomie* der Kooperationspartner
Im Hinblick auf die Zusammenarbeit in einer Gruppe ist Autonomie ein ambivalentes Merkmal: Ein hoher Grad an Autonomie der Einzelperson verhindert echten Gruppenzusammenhalt und die Übernahme von Verantwortung für das Ergebnis der Zusammenarbeit. Ein zu geringer Grad an Autonomie in einer Gruppe wirkt hingegen einschränkend auf die Motivation der Einzelperson (Gräsel u.a., 2006, S. 208).

Gräsel u.a. (2006, S. 209-210) unterscheiden darüber hinaus folgende Formen und Niveaus der Kooperation:
a) wechselseitiger *Austausch* über berufliche Inhalte und Gegebenheiten, gemeint sind z.B. gemeinsame Absprachen zwischen Kita und Grundschule in Bezug auf Termine und die Organisation des Sprachstandsdiagnoseverfahrens oder ein gemeinsamer Austausch über den sprachlichen Entwicklungsstand eines Kindes.
b) *arbeitsteilige Kooperation*, bei der sich die Kooperationspartner im Sinne von Effizienzsteigerung über eine präzise Zielstellung sowie über eine möglichst gute Form der Aufgabenteilung und -zusammenführung verständigen, in der insbesondere die Stärken der Mitglieder berücksichtigt werden. Das Ergebnis der arbeitsteiligen Kooperation besteht aus Einzelbeiträgen mehrerer Mitglieder. In Bezug auf die Durchführung des Sprachstandsdiagnoseverfahrens wäre eine arbeitsteilige Kooperation gegeben, wenn die einzelnen Arbeitsschritte unter den beteiligten Kooperationspartnern aufgeteilt würden.
c) *Kokonstruktion* gilt als das anspruchsvollste Kooperationsniveau und die intensivste Kooperationsform, weil dabei ein wechselseitiger Lernprozess der beteiligten Akteure intendiert ist. Kokonstruktion ist dann

gegeben, wenn „die Partner sich intensiv hinsichtlich einer Aufgabe austauschen und dabei ihr individuelles Wissen so aufeinander beziehen (kokonstruieren), dass sie dabei Wissen erwerben oder gemeinsame Aufgaben- oder Problemlösungen entwickeln." (Gräsel u.a., 2006, S. 210-211) Im Hinblick auf die gemeinsame Sprachstandsdiagnose wäre eine Kokonstruktion dann gegeben, wenn die Kooperationspartner eine gemeinsame Auswertung und Beratung der Ergebnisse vornehmen und auf dieser Grundlage ein „anschlussfähiges" Sprachförderkonzept für Kita und Grundschule entwickeln würden.

Untersuchungsbefunde zur Kooperation zwischen Kita und Grundschule in der Übergangsphase verweisen darauf, dass traditionelle Formen der Kooperation wie gegenseitige Besuche und ein wechselseitiger Informationsaustausch überwiegen. Formen der gemeinsamen Gestaltung des Übergangs sowie Formen im Sinne von Kokonstruktion scheinen nach verschiedenen Studien nur begrenzt realisiert zu werden (Tietze, Rossbach & Grenner, 2005; Hanke & Hein, i.Dr.). Weitgehend unberücksichtigt blieb in den vorliegenden Studien die Untersuchung von Wirkungen der Kooperationsformen auf die Kinder sowie auf das professionelle Handeln der pädagogischen Fachkräfte.

Bei der Untersuchung der Kooperationspraxis zwischen pädagogischen Fachkräften aus Kita und Grundschule im Kontext der Sprachstandsdiagnose Delfin 4 ist zu berücksichtigen, dass die Ausgangsvoraussetzungen für eine interinstitutionelle Kooperation zwischen Kita und Grundschule aufseiten beider Institutionen recht unterschiedlich sind: Sowohl Kita als auch Grundschule verfügen über eine eigene sozialgeschichtliche Entwicklung (Gernand & Hüttenberger, 1989) und eine je spezifische Institutionengeschichte (Reyer, 2006), beide Institutionen sind strukturell unterschiedlich organisiert und verankert (Kinder- und Jugendhilfesystem vs. Schulsystem, unterschiedliche ministerielle Zuordnung) sowie inhaltlich-konzeptionell verschieden ausgerichtet (Träger- und Konzeptionsvielfalt im Kita-Bereich vs. einheitliche curriculare Orientierung im schulischen Bereich). Darüber hinaus sind die Ausbildungsbedingungen für die pädagogischen Fachkräfte in Kita und Grundschule unterschiedlich und nicht durch eine Gleichwertigkeit geprägt (Fachschulabschluss vs. Hochschulabschluss). Unterschiedlich erweisen sich ebenso das berufliche Selbstverständnis sowie die Traditionen in Bezug auf grundlegende Aufgabenzuschreibungen (caritative Funktion des Kindergartens vs. Bildungsfunktion der Grundschule). Auch verfügen beide Institutionen über verschiedene Kulturen der Kooperation innerhalb der eigenen Institution: Im Kita-Bereich ist Teamarbeit geläufiger als in der Grundschule (Gernand & Hüttenberger, 1989), die Gruppenarbeit ist vorwiegend als Teamarbeit organisiert.

Im schulischen Bereich erschweren insbesondere die zellulare organisatorische Struktur der Schule, die Isolation des Arbeitsplatzes Klassenzimmer sowie die am Autonomie-Paritäts-Muster orientierte Berufskultur der Lehrerschaft das Auftreten von Lehrerkooperationen (Terhart & Klieme, 2006; Herzmann, Sparka & Gräsel, 2006). Welche Bedeutung diese unterschiedlichen Ausgangsbedingungen für die Kooperation zwischen beiden Institutionen haben, ist bislang empirisch weitgehend unerforscht.

3. Untersuchungsdesign

3.1 Ziel- und Fragestellungen

Gegenstand der Untersuchung im Rahmen von TransKiGs NRW bilden die Umsetzung, Akzeptanz und Wirkung von Kooperation zwischen den pädagogischen Fachkräften aus Kindertageseinrichtung und Grundschule am Beispiel der verbindlichen – gemeinsamen – Sprachstandsdiagnose aus der Sicht der beteiligten *Primärakteure*, d.h. der für die Sprachstandsdiagnose zuständigen pädagogischen Fachkräfte in Kindertageseinrichtung und Grundschule. Darüber hinaus sollen die Kontextbedingungen in Bezug auf die Umsetzung, Akzeptanz und Wirkung von Kooperation zwischen den pädagogischen Fachkräften aus der Perspektive der *Sekundärakteure*, d.h. der Träger der Kindertageseinrichtungen, der Fachberatung, der Kita-Leitung, der Eltern im Kita-Bereich, der oberen und unteren Schulaufsicht sowie der Schulleitungen in den Blick genommen werden.

Eine zentrale Herausforderung der Studie ist schließlich, auf der Basis eines ökosystemischen Ansatzes insbesondere Gelingensbedingungen für die Kooperation von Kindertageseinrichtung und Grundschule im Rahmen der Sprachstandsdiagnose zu ermitteln und damit zugleich auf andere Einrichtungen übertragbare Konzepte der Kooperation zu identifizieren. Der Evaluationsstudie kommt somit eine Erkenntnis-, Rückmelde- und Optimierungsfunktion (Flick, 2006) in Bezug auf die Gestaltung von Bedingungen der Kooperation von Kita und Grundschule bei der Durchführung von Sprachstandsdiagnoseverfahren zu.

Folgenden Fragestellungen soll nachgegangen werden:

Umsetzung/Durchführungsqualität der Kooperation
- Welche Formen der Kooperation zwischen pädagogischen Fachkräften aus Kita und Grundschule gab es *vor* der verbindlichen Einführung des Sprachstandsfeststellungsverfahrens? Inwiefern wird auf diese bestehenden Formen bei der Sprachstandsfeststellung zurückgegriffen? Welche davon waren besonders hilfreich?

- Welche Formen der Kooperation zwischen pädagogischen Fachkräften aus Kita und Grundschule wurden bei der Vorbereitung, Durchführung und Auswertung des Sprachstandsfeststellungsverfahrens (insbesondere Stufe 1) im Jahr 2008 praktiziert?
- Welche Formen der Unterstützung durch die jeweiligen Träger, Fachberatungen, die Schulaufsicht, die Leitungen der Kindertageseinrichtungen und Grundschulen und Eltern haben sich für die Umsetzung der Kooperation zwischen den pädagogischen Fachkräften im Kontext der gemeinsamen Sprachstandsdiagnose als konstruktiv erwiesen?
- Welche weiteren Rahmenbedingungen haben sich für die Kooperation zwischen Kita und Grundschule als unterstützend/als weniger unterstützend herausgestellt? Welche Faktoren begünstigen oder behindern die Umsetzung von Kooperationen?

Akzeptanz der Kooperation
- Wie akzeptiert sind die Kooperationsformen durch die Primärakteure – die pädagogischen Fachkräfte aus Kita und Grundschule – (allgemein, in Bezug auf Sprachstandsfeststellung insbesondere)?
- Auf welche Akzeptanz stoßen die Kooperationsformen bei den Sekundärakteuren, d.h. jeweiligen Trägern, Fachberatungen, Leitungen der Einrichtungen und Eltern?
- Welche Wertschätzung nehmen die unterschiedlichen Professionen voneinander wahr?

Wirkung/Transfererfolg
- Führt die gemeinsame Planung, Durchführung und Auswertung einer Sprachstandsdiagnose nach Einschätzung der pädagogischen Fachkräfte zu einer besseren Qualität der Feststellung des sprachlichen Förderbedarfs?
- Inwiefern haben sich über die gemeinsame Sprachstandsfeststellung hinaus neue Formen der Kooperation zwischen den pädagogischen Fachkräften aus Kita und Grundschule ergeben? (Nachhaltigkeit)
- Inwiefern hat die gemeinsame Durchführung eines Sprachstandsdiagnoseverfahrens das Kooperationsklima zwischen den pädagogischen Fachkräften aus Kita und Grundschule verändert?

3.2 Untersuchungsmethoden

Zur Evaluation der Umsetzung, Akzeptanz und Wirkung von Kooperation zwischen den pädagogischen Fachkräften aus Kindertageseinrichtung und Grundschule im Kontext der verbindlichen Sprachstandsfeststellung bietet sich eine repräsentative Fragebogenerhebung mit den Leitungen der Kindertageseinrichtungen und Grundschulen, den zuständigen pädagogischen Fachkräften aus Kindertageseinrichtung und Grundschule sowie mit Eltern, deren Kinder im Jahr 2008 mit dem Sprachstandsdiagnoseverfahren getestet worden sind, an.

Da sich die Prozesse der Umsetzung von Kooperation zwischen den pädagogischen Fachkräften aus Kita und Grundschule im Kontext der Sprachstandsfeststellung einem direkten Zugriff entziehen, können diese lediglich mittels Erinnerung und Einschätzung aus der subjektiven Sicht der verschiedenen Akteursgruppen rekonstruiert werden. Es handelt sich daher um eine Ex-Post-Evaluation der Kooperation zwischen den pädagogischen Fachkräften aus Kita und Grundschule nach dem Durchgang 2008. Durch einen systematisierten Vergleich der verschiedenen Sichtweisen der unterschiedlichen beteiligten Akteure kann eine gewisse Intersubjektivität der Ergebnisse erreicht werden.

Zur Präzisierung von Gelingensbedingungen für die Kooperation der pädagogischen Fachkräfte der beteiligten Institutionen werden leitfadengestützte Experteninterviews mit Vertreterinnen und Vertretern ausgewählter Kooperationsnetzwerke durchgeführt, die von den Koordinatorinnen der Sprachstandsfeststellung bei den Bezirksregierungen sowie von der TransKiGs-Projektleiterin NRW aus Phase I benannt werden. Zur Dokumentation und Analyse bestehender Netzwerke sind darüber hinaus Videoaufnahmen vorgesehen. Die transkribierten Experteninterviews sowie die Videosequenzen werden inhaltsanalytisch (Mayring, 2003) ausgewertet.

3.3 Stichproben

Zur Stichprobengewinnung wurde von den derzeit existierenden ca. 3.400 Grundschulen in Nordrhein-Westfalen eine repräsentative Stichprobe von 150 Grundschulen gezogen. Zu diesen Grundschulen wurden über die für Delfin 4 zuständigen Koordinatorinnen bei den fünf Bezirksregierungen die jeweils in der Regel über die Schulämter zugeordneten Kindertageseinrichtungen recherchiert. In Nordrhein-Westfalen gibt es derzeit ca. 9.700 Kindertageseinrichtungen. Die Anzahl der kooperierenden Kindertageseinrichtungen im Kontext von Delfin 4 variiert von Grundschule zu Grundschule, es ergibt sich eine durchschnittliche Anzahl von drei Kitas pro Grundschule. Somit besteht die Gesamtstichprobe von 600 Einrichtungen im Rahmen von TransKiGs NRW aus 150 Grundschulen und 450 Kindertageseinrichtungen.

Leitfadengestützte Experteninterviews zur detaillierteren Erfassung von Bedingungen für eine erfolgreiche Zusammenarbeit zwischen den pädagogischen Fachkräften aus Kita und Grundschule werden mit Vertreterinnen und Vertretern aus insgesamt fünf ausgewählten Netzwerken durchgeführt.

3.4 Untersuchungsablauf

Die Untersuchung gliedert sich in die folgenden vier Phasen:

1) Vorbereitungsphase (08/2008-01/2009)
Das Evaluationsprojekt wurde in einem Treffen mit den Vertreterinnen des Ministeriums für Generationen, Familie, Frauen und Integration und des Ministeriums für Schule und Weiterbildung und Vertreterinnen des Evaluationsteams der Westfälischen Wilhelms-Universität Münster vorbereitet und vereinbart. In der anschließenden Phase wurden auf der Grundlage des aktuellen Forschungsstandes das Evaluationskonzept und die Instrumente entwickelt, erprobt und überarbeitet sowie die Stichprobenziehung vorgenommen und Kontakte zu den jeweiligen Akteursgruppen hergestellt.

2) Erhebungsphase (01-07/2009)
Nach Abschluss der Vorgespräche mit den beteiligten Akteursgruppen ist eine Fragebogenerhebung für den Zeitraum 01/2009-02/2009 vorgesehen.
Auf der Grundlage von Vorgesprächen mit den Koordinatorinnen der Sprachstandsfeststellung bei den Bezirksregierungen sowie mit der TransKiGs-Projektleiterin NRW aus Phase I werden geeignete Netzwerkeinrichtungen ausgewählt, um Gelingensbedingungen für Kooperation im Kontext der Sprachstandsfeststellung mit Hilfe von leitfadengestützten Experteninterviews und Videografie präziser ermitteln zu können. Im Zeitraum von 03-06/2009 sollen Vertreterinnen und Vertreter der verschiedenen Akteursgruppen interviewt sowie Videoaufzeichnungen von Kooperationssituationen in den Netzwerkeinrichtungen angefertigt werden.

3) Auswertungsphase (03-10/2009)
Nach Eingang der Fragebögen ist für den Zeitraum von 02-03/2009 die Dateneingabe in SPSS sowie im Zeitraum von 03-06/2009 die Auswertung der Fragebogenerhebung vorgesehen.
Die Experteninterviews sowie das Videomaterial sollen im Zeitraum von 06-08/2009 aufbereitet und transkribiert werden. Die Auswertung des Datenmaterials ist für den Zeitraum von 09-10/2009 vorgesehen.

4) Endauswertung und Berichtlegung (11-12/2009)
Nach Abschluss der Phasen der Einzelauswertungen erfolgen eine Gesamtauswertung des vorliegenden Datenmaterials und eine Dokumentati-

on der Projektergebnisse in entsprechenden Entwürfen einer Kurz- und einer Langfassung eines Projektberichtes.

Literatur

Faust, G. (2008). Übergänge gestalten – Übergänge bewältigen. Zum Übergang vom Kindergarten in die Grundschule. In: Thole, W.; Rossbach, H.-G.; Fölling-Albers, M.; Tippelt, R. (Hrsg.): *Bildung und Kindheit*. Pädagogik der Frühen Kindheit in Wissenschaft und Lehre. Opladen & Farmington Hills: Barbara Budrich. S. 225-240.

Faust, G.; Götz, M.; Hacker, H. & Rossbach, H.-G. (Hrsg.) (2004). *Anschlussfähige Bildungsprozesse im Elementar- und Primarbereich*. Bad Heilbrunn/Obb.: Klinkhardt.

Flick, U. (2006). Qualitative Evaluationsforschung zwischen Methodik und Pragmatik – Einleitung und Überblick. In: Flick, U. (Hrsg.). *Qualitative Evaluationsforschung*. Konzepte, Methoden, Umsetzungen. Reinbek b. Hamburg: Rowohlt. S. 9-29.

Fried, L. (2008). Pädagogische Sprachdiagnostik für Vorschulkinder – Dynamik, Stand und Ausblick. In: *Zeitschrift für Erziehungswissenschaft. 10. Jg*, Sonderheft 11/2008. S. 63-78.

Gernand, B. & Hüttenberger, M. (1989). *Die Zusammenarbeit von Kindergarten und Grundschule im Bedingungsgefüge ihrer sozialgeschichtlichen Entwicklung dargestellt am Beispiel des Schulamtsbezirks Darmstadt*. Dissertation Frankfurt a.M.

Gräsel, C.; Fußangel, K. & Pröbstel, C. (2006). Lehrkräfte zur Kooperation anregen – eine Aufgabe für Sisyphos? In: *Zeitschrift für Pädagogik. 52. Jg*. Heft 2/2006. S. 205-219.

Gräsel, C. & Parchmann, I. (2004). Implementationsforschung – oder: der steinige Weg, Unterricht zu verändern. In: *Zeitschrift Unterrichtsforschung*. Heft 3/2004. S. 196-214.

Griebel, W. & Niesel, R. (2004). *Transitionen*. Fähigkeiten von Kindern in Tageseinrichtungen fördern, Veränderungen erfolgreich zu bewältigen. Weinheim und Basel: Beltz.

Hanke, P. (2007). *Anfangsunterricht*. Leben und Lernen in der Schuleingangsphase. Weinheim und Basel: Beltz.

Hanke, P. & Hein, A.K. (i.Dr.). Der Übergang zur Grundschule als Forschungsthema. Erscheint in: Leu, H.R. & Diller, A. (Hrsg.): *Kindergarten oder Schule – Wem gehören die Kinder?* Kontroversen um Konzepte, Strukturen und Bildungsorte. Wiesbaden: vs.

Herzmann, P.; Sparka, A. & Gräsel, C. (2006). Leseförderung durch professionelle Kooperation. In: *journal für schulentwicklung. 10. Jg*. Heft 3/2006. S. 35-44.

Maag Merki, K. (Hrsg.) (2009). *Kooperation und Netzwerkbildung. Strategien zur Qualitätsentwicklung in Schulen*. Seelze: Kallmeyer und Klett.

Mayring, Ph. (2003). *Qualitative Inhaltsanalyse.* Grundlagen und Techniken. Weinheim und Basel: Beltz. 8. Aufl.

Ministerium für Schule und Weiterbildung (MSW) & Ministerium für Generationen, Familie, Frauen und Integration (MGFFI) (2007). *Feststellung des Sprachstandes zwei Jahre vor der Einschulung.* Fachinformation zum Verfahren 2008. Düsseldorf.

Reyer, J. (2006). *Einführung in die Geschichte des Kindergartens und der Grundschule.* Bad Heilbrunn/Obb.: Klinkhardt.

Spieß, E. (2004). Kooperation und Konflikt. In: Schuler, H. (Hrsg.). *Organisationspsychologie – Gruppe und Organisation.* Göttingen: Hogrefe. S. 193-247.

Terhart, E. & Klieme, E. (2006). Kooperation im Lehrerberuf: Forschungsproblem und Gestaltungsaufgabe. In: *Zeitschrift für Pädagogik. 52. Jg.* Heft 2/2006. S. 163-166.

Tietze, W.; Roßbach, H.-G. & Grenner, K. (2005). *Kinder von 4 bis 8 Jahren.* Weinheim: Beltz.

Prof. Dr. Petra Hanke

ist seit 2003 Universitätsprofessorin für Erziehungswissenschaft mit dem Schwerpunkt Pädagogik der Primarstufe am Institut für Erziehungswissenschaft an der Westfälischen Wilhelms-Universität Münster. Seit 2008 ist sie wissenschaftliche Projektleiterin des TransKiGs-Projektes NRW.

Benedikt Rathmer

ist Grundschullehrer und seit 2008 an die Westfälische Wilhelms-Universität Münster abgeordnet. Am Lehrstuhl von Frau Prof. Dr. Petra Hanke ist er als Wissenschaftlicher Mitarbeiter im TransKiGs-Projckt NRW tätig.

Renate Zimmer

SPRACHE UND BEWEGUNG

1. Einführung

Sprache und Bewegung sind zwei wesentliche Dimensionen der kindlichen Persönlichkeitsentwicklung, die zwar in ihrer Entwicklung getrennt voneinander betrachtet werden können, die sich gleichzeitig aber in Abhängigkeit voneinander entfalten und sich gegenseitig beeinflussen.

Kinder erschließen sich ihre Umwelt über ihren Körper, ihre Sinne. Indem sie vom ersten Tag ihres Lebens an selber tätig werden, gewinnen sie Erfahrungen, die ihnen ein zunehmendes Wissen über sich selbst, über ihre Mitmenschen und über die dinglich-räumliche Umwelt ermöglichen. Auch der Spracherwerb ist ein Lernprozess, der durch die aktive Auseinandersetzung des Kindes mit seiner materialen und sozialen Umwelt geprägt ist.

Kindliche Entwicklung ist als Einheit von Wahrnehmen, Handeln, Fühlen und Denken zu verstehen. Sie ist geprägt durch die Merkmale der Selbsttätigkeit und Eigenaktivität, die sich sowohl in der Bewegungsentwicklung des Kindes als auch in seiner Sprachentwicklung äußern. Der aktive Gebrauch der Sprache – im Dialog mit Erwachsenen und auch mit anderen Kindern – ist entscheidend für den Erwerb sprachlicher Kompetenzen (Zimmer, 2009a).

2. Expressive und instrumentelle Funktion von Bewegung und Sprache

Die ursprüngliche Funktion der Sprache ist die der Mitteilung und Verständigung. Durch Sprache und Sprechen stellt das Kind Beziehungen zu anderen, zu Erwachsenen und Kindern her. Es kann Wünsche und Bedürfnisse äußern, kann sich mitteilen und Dinge erfragen. Lange bevor das Kind die verbale Sprache nutzt, teilt es sich bereits mit Gesten, Mimik, Gebärden – über seinen Körper mit. Bereits Säuglinge nehmen über Gestik und

Mimik Kontakt mit der Umwelt auf, sie drücken durch Bewegungen Wohlbefinden aus, indem sie mit Armen und Beinen strampeln, oder signalisieren Abwehr, indem sie sich körperlich von einem Interaktionspartner abwenden.

Sprache beinhaltet also unterschiedliche Mittel der Kommunikation, die Gestik und Mimik, Laute und Gebärden, die Körperhaltung und -bewegung. Das Kind hat viele Möglichkeiten sich auszudrücken, auch nonverbale Kommunikationsformen sind wichtige Mittel, anderen Botschaften zu senden.

Mit zunehmendem Alter übernimmt die verbale Sprache die Form der Mitteilung und des Austauschs, wobei jedoch auch im Erwachsenenalter die anderen Kommunikationsebenen noch bestehen bleiben.

Sprache wird vom Kind jedoch auch verwendet, um eine Absicht zu realisieren, es will „mit Worten Dinge geschehen machen" (Bruner, 2002, S. 8). Zuvor lässt es jedoch über seinen Körper Dinge geschehen: Der Ball, der mit einem Fußtritt in Bewegung versetzt wird, vermittelt ihm das Gefühl von Selbstwirksamkeit, es sieht sich selbst als Urheber einer Wirkung.

Die zunehmende Beherrschung des Körpers und der Sprache eröffnen ihm den Weg in die Selbstständigkeit.

3. Bewegungshandeln als Ausgang für sprachliche Prozesse

Sprache baut auf dem Handeln auf: Zuerst kommt das körperlich-sinnliche Erkunden einer Sache, dann erst erfolgt die sprachliche Begleitung. Das Kind spielt z.B. mit dem Ball, lässt ihn auf den Boden prellen. „Ball springt" sagt es, aber nicht *bevor*, sondern *nachdem* es sich mit ihm beschäftigt hat. Im Tun, im handelnden Umgang mit Gegenständen und Objekten entdeckt es die Sprache als nützliches Medium, als Werkzeug des Handelns. Erst im Laufe der Zeit werden Handlungen verinnerlicht, das Kind kann die Handlung reflektieren. Sprache ermöglicht dann eine gedankliche Vorwegnahme („ich will Ball spielen") oder rückblickende Reflexion des Tuns („ich habe das Tor getroffen") und damit eine Distanz zur aktuellen Situation.

Das Kind gewinnt, bevor es sich sprachlich mitteilen kann, bereits ein Wissen über die Beschaffenheit von Gegenständen oder die Funktion von Objekten. Dass ein Ball rund ist, auf dem Boden rollt oder hochspringt, wenn man ihn fallen lässt, dieses Wissen hat es aufgrund seiner Erfahrungen durch Wahrnehmung und Bewegung, in denen sich die Zusammenhänge erschließen. So werden durch das Handeln gewonnene Erfahrungen in Verbindung mit der Sprache zu *Begriffen*. Diese Begriffe ermöglichen dem Kind die innere Abbildung der Welt (Zimmer, 2008a, S. 83 f.). Zeitliche Begriffe wie „langsam" und „schnell", räumliche Begriffe wie „hoch" und „tief" erfährt das Kind z.B. in Bewegungshandlungen, die es in Raum und Zeit variiert. So erweitert es seinen Wortschatz und erwirbt die Voraussetzung für das Verständnis sprachlicher Klassifizierungen.

Eingebunden in sinnvolle, bedeutungsvolle Handlungssituationen, in denen verbale und nichtverbale Handlungsteile ineinander greifen, lernt das Kind, sich seines Körpers und der Sprache als Werkzeug zu bemächtigen.

Der Spracherwerb ist eng mit der kognitiven Entwicklung verbunden. Sprache ermöglicht Denken, unabhängig von der konkreten Handlung. Sie ermöglicht die Vorstellung, abstrakte geistige Operationen, die losgelöst von der realen Tätigkeit sind. Allerdings geht der Spracherwerb vom praktischen Handeln, von der körperlichen Tätigkeit aus. Man kann sogar sagen, dass Sprache zuerst ein körperlich-motorischer Vorgang ist. Dies gilt es zu berücksichtigen, wenn man sich mit Möglichkeiten der Förderung des Spracherwerbs bei Kindern befasst.

4. Bewegungshandeln ist gleichzeitig auch Sprachhandeln

Bewegungsaktivitäten regen zu explorativen Handlungen an, ermutigen das Kind, sich sprachlich zu äußern, einzugreifen, es lernt mit den Dingen, aber auch mit den Worten zu handeln.

Bewegung wird vom Kind nicht nur aus Lust an der Tätigkeit betrieben, sondern ist in der Regel auch von seinem Erkenntnisinteresse gesteuert. Bewegungshandlungen werden daher geplant, gesteuert, sie sind mit Strategien der Problemlösung verbunden: Führt der eingeschlagene Weg zum Ziel? Welche alternativen Möglichkeiten stehen zur Verfügung? Was ist die Ursache für eine Wirkung, für einen sichtbaren, spürbaren Effekt? Bewegungsaktivitäten sind explorative Handlungen, bei denen das Kind sich ein Bild von der Beschaffenheit und Gesetzmäßigkeit der Dinge macht und seine Annahmen im eigenen Tun überprüft. Beim Suchen nach Lösungsmöglichkeiten kann es die eigenen Handlungen variieren und dabei die Bewegung als Mittel zum Zweck einsetzen.

Die Pädagogin kann die Bewegungsaktivitäten des Kindes sprachlich kommentieren, damit wird die Aufmerksamkeit des Kindes noch intensiver auf die Sache gerichtet, Sprache dient der Vergewisserung, der Bewusstmachung des erlebten Effektes. Verursacher eines Handlungseffektes zu sein heißt auch, sich der Regelhaftigkeit des Vorgangs bewusst zu sein. Handlungen können so durch die sprachliche Bewusstmachung zu Erkenntnissen führen („Du hast mit dem Ball genau in den Reifen getroffen ...").

Diese Beispiele stellen keine zielgerichtete Förderung einzelner sprachlicher Kompetenzen dar, die situativen, aber auch die bewusst inszenierten Bewegungsangebote können für die Kinder jedoch Anlässe zum Sprechen, zum Erweitern und Differenzieren ihres Sprachvermögens sein. Über Bewegungsspiele können sprachliche Lernprozesse provoziert werden. Eine Spielidee liefert den Anlass für Bewegungshandlungen wie auch für Sprachhandlungen (vgl. hierzu Zimmer, 2006, 2009a). Situationen werden „versprachlicht". Damit sind Spielhandlungen zugleich komplexe Sprachlernsituationen. Ebenso können umgekehrt Sprachhandlungen zu Bewegungsanlässen werden: Die Beschreibung einer Situation wird durch Gestik begleitet; ein Rollenspiel lebt zwar durch die sprachliche Kommunikation der am Spiel Beteiligten, es wird gleichzeitig aber auch körperlich inszeniert.

5. Bewegungsanlässe sind auch Sprachanlässe

Sprache und Bewegung – beides sind bei Kindern wesentliche Mittel der Erkenntnisgewinnung, des Ausdrucks und der Mitteilung. Das Grundanliegen einer bewegungsorientierten Sprachförderung von Kindern sollte darin bestehen, eine anregungsreiche, zur Aktivität und zum Handeln auffordernde Umwelt zu schaffen, in der das Kind seinen Körper, Bewegung, Sprache und Stimme gleichermaßen einsetzen darf, um sich mit sich selbst und anderen auseinanderzusetzen. Bevorzugtes Mittel ist dabei das Spiel. Es schafft Bewegungs- und Sprechanlässe, die dazu beitragen, das sprachliche und körpersprachliche Handlungsrepertoire ebenso zu erweitern wie das Bewegungsrepertoire (vgl. Zimmer, 2008a, S. 34 ff.).

Bewegung besitzt also ein entwicklungsförderndes Potenzial, das sich insbesondere in den ersten Lebensjahren positiv auf die Sprachentwicklung auswirken kann. Die sprachfördernde Wirkung entfaltet sich dabei z.T. eher indirekt und beruht insbesondere auf den vielfältigen Sprechanlässen, die sich beim gemeinsamen Spiel ergeben, beim Bauen und Konstruieren, beim Aushandeln von Rollen und Regeln, im spontanen, spielerischen Umgang mit der eigenen Stimme bei Rollen- und Symbolspielen.

Sie entfaltet sich insbesondere in dem motivierenden, lustbetonten Kontext, in dem Bewegungshandeln sich zwanglos mit sprachlichem Handeln verbinden lässt. – Sprache wird so am eigenen Leib erfahren (Beispiele hierzu siehe Zimmer, 2009a).

6. Sprache und Bewegung – elementare Bildungsbereiche in den Bildungsvereinbarungen der Bundesländer

In den Bildungsplänen aller Bundesländer werden „Sprache und Kommunikation" ebenso wie „Bewegung, Körper, Gesundheit" als elementare Bildungsbereiche aufgeführt.

Obwohl in allen Bildungsplänen sowohl der Sprache als auch der Bewegung explizit ein hoher Stellenwert beigemessen wird, gibt es nur selten Hinweise auf Zusammenhänge und schon gar keine Anregungen, wie die beiden Bereiche in der Praxis aufeinander bezogen werden können.

In der Präambel des Berliner Bildungsprogramms wird zwar ausdrücklich auf die Bedeutung der Bewegung bei der Sprachförderung hingewiesen:

„Die Sprachförderung hat im Bildungsprogramm eine besondere Bedeutung. Ihr ist nicht nur ein eigener Bildungsbereich gewidmet, sie wird gleichzeitig als ein durchgängiges Förderprinzip für die Arbeit in den anderen Bildungsbereichen beschrieben: Eine ausreichende Entwicklung der Sinne und der Bewegungsfähigkeit und eine gute Kommunikationskultur sind wesentliche Voraussetzungen für eine gelungene Sprachentwicklung; und schließlich kann Sprache nur dort gefördert werden, wo vielfältige und anregende Erfahrungen gemacht werden, über die es sich zu reden lohnt" (Senatsverwaltung für Bildung, Jugend und Sport, 2004, S. 7).

In der Beschreibung der jeweiligen Bildungsbereiche wird die unmittelbare Aufeinanderbezogenheit jedoch nicht mehr erkennbar.

Vereinzelt gibt es Hinweise auf die Verbindungen der beiden elementaren Bildungsbereiche:

So wird in den Bildungsvereinbarungen des Landes Nordrhein-Westfalen unter dem Aspekt der Bildungsziele betont, dass der Begriff „Bildung" nicht nur die Aneignung von Wissen und Fertigkeiten umfasst, sondern dass es vielmehr darum gehe, „Kinder in allen ihnen möglichen, insbesondere in den sensorischen, motorischen, emotionalen, ästhetischen, kognitiven, sprachlichen und mathematischen Entwicklungsbereichen zu begleiten, zu fördern und herauszufordern. Die Entwicklung von Selbstbewusstsein, Eigenständigkeit und Identität ist Grundlage jedes Bildungsprozesses" (Ministerium für Schule, Jugend und Kultur des Landes Nordrhein-Westfalen, 2003, S. 6).

Die Handreichungen zur Entwicklung von Bildungskonzepten zeigen dann – wenn auch sehr kurz und nur exemplarisch – Querverbindungen auf: Das differenzierte handelnde Begreifen wird als unerlässliche Grundlage für sprachliches Begreifen gesehen.

Der Bayerische Bildungs- und Erziehungsplan betont im Rahmen des themenbezogenen Bildungs- und Erziehungsbereiches „Sprache und Literacy", dass Spracherwerb als komplexer, konstruktiver Prozess betrachtet werden muss, der gebunden ist an
- Dialog, persönliche Beziehung,
- Interesse,
- Handlungen, die für Kinder Sinn ergeben.

Dies gelte es in der Sprachförderung zu berücksichtigen und zu nutzen (Bayerisches Staatsministerium für Arbeit und Sozialordnung, Familie und Frauen & Staatsinstitut für Frühpädagogik, 2006, S. 207).

Zwar werden auch die nonverbalen Anteile beim Erwerb der Sprachkompetenz ausdrücklich erwähnt (Bedeutung von Gestik und Mimik, Entwicklung ausdrucksvoller und differenzierter Körpersprache), bei den Querverbindungen des Bildungsbereiches wird Bewegung jedoch nicht aufgeführt.

Insgesamt macht eine nähere Analyse der Bildungspläne der einzelnen Bundesländer deutlich, dass nur in Ausnahmesituationen und vereinzelt auf den engen Bezug der Bildungsbereiche Sprache und Bewegung hingewiesen wird. Der thüringische Bildungsplan beschreibt z.B. unter dem Stichwort „basale sprachliche Bildungsprozesse" den Zusammenhang zwischen der Erprobung von „Lautproduktion und Bewegungsmöglichkeiten" in konkreten Handlungszusammenhängen und mit erlebtem Raum- und Zeitbezug (Thüringer Kultusministerium, 2006, S. 42).

Auch wenn dies in den Bildungsplänen nicht immer zum Ausdruck kommt: Sprache und Bewegung sind als Ganzheit zu verstehen, die in der alltäglichen Erziehungs- und Bildungssituation nicht getrennt voneinander betrachtet werden können.

7. Sprach- und Bewegungsförderung – Querschnittsaufgabe der pädagogischen Förderung in Kindergarten und Schule

Die Förderung sprachlicher Kompetenzen ist ebenso wie die Bewegungsförderung nicht an einen Ort, an eine Zeit zu binden, über beides – Sprache und Bewegung – entdecken Kinder die Welt. Sie setzen sich mit ihren sozialen und dinglichen Gegebenheiten auseinander, eignen sie sich an und wirken auf sie ein. Da liegt es nahe, beide Bildungsbereiche in ihrer wechselseitigen Beeinflussung zu betrachten. Aufgrund ihrer Bedeutung für kindliche Entwicklung muss Sprachförderung ebenso wie Bewegungserziehung eine Querschnittsaufgabe der pädagogischen Arbeit im Kindergarten sein.

Durch die bewusste Inszenierung von bewegungsorientierten Sprachlernprozessen eröffnet sich die Möglichkeit, zwar ohne zeitlich fixierte Förderstunden, aber doch durch didaktisch reflektierte Angebote die Kinder in ihren sprachlichen Kompetenzen zu unterstützen. Damit werden *alle* Kinder erreicht, besonders wichtig ist dies für die Kinder, die aufgrund ihrer sozialen und kulturellen Herkunft und ihrer individuellen Voraussetzungen einer besonderen Unterstützung bedürfen.

Insbesondere bei Kindern mit Migrationshintergrund spielt es eine wichtige Rolle, dass sie sich zunächst in einem Medium ausdrücken können, in dem sie sich sicher fühlen. Über Bewegung fällt es ihnen oft leichter, mit anderen Kindern zu kommunizieren, sich mitzuteilen. Sie beherrschen die nonverbalen Anteile der Sprache oft sehr gut und können sich über Gestik und Mimik, über Gebärden und über ihren Körper verständlich machen. So üben sie den Kontakt mit anderen, fühlen sich anerkannt und wahrgenommen, die Teilnahme am verbalen Austausch der anderen Kinder trägt zu ihrem Sprachverständnis bei und gibt ihnen Gelegenheit, sich schrittweise auch in der verbalen (Fremd-)Sprache zurecht zu finden.

8. Ergebnisse empirischer Studien zur Wirksamkeit einer bewegungsorientierten Sprachförderung

Im Rahmen eines Projektes zur Gesundheits- und Bewegungsförderung in Kindertagesstätten wurde der Einfluss einer bewegungsorientierten Sprachförderung auf unterschiedliche Bereiche der Sprachentwicklung drei- bis fünfjähriger Kinder untersucht.

Der Untersuchungszeitraum betrug zehn Monate. In dieser Zeit wurde in zehn Kindergärten mit insgesamt 244 Kindern ein Bewegungsangebot durchgeführt, durch das insbesondere Bereiche der Sprachentwicklung (Wortschatzerweiterung, Prosodie, Phonologie und allgemeine Kommunikationsförderung) angeregt werden sollten (Zimmer, 2009a). Die Erzieherinnen waren durch regelmäßige Fortbildungsveranstaltungen und durch schriftliche Begleitmaterialien in dieses Konzept eingeführt worden und wurden durch Projektmitarbeiter regelmäßig in ihrer pädagogischen Arbeit begleitet.

Die Kontrollgruppe setzte sich zusammen aus 135 Kindern dreier Kindergärten. Diese Kinder erfuhren keine projektspezifische Intervention, sondern erlebten den gewohnten Kindergartenalltag.

Zu Beginn und am Ende des Versuchszeitraumes wurde bei allen Kindern neben einem Verfahren zur Ermittlung der motorischen Fähigkeiten (MOT 4–8 Screen) (Zimmer, 2009b) ein Sprachscreening durchgeführt (Sprachscreening für das Vorschulalter (SSV), Grimm, 2003).

Die Auswertung der gewonnenen Daten ergibt deutliche Hinweise darauf, dass die Kinder von dem Konzept *Sprachförderung durch Bewegung* profitierten. Die Kinder der Versuchsgruppen verbesserten sich im Vergleich zur Kontrollgruppe deutlich in ihrem *Motorikquotienten* (als Maß für den motorischen Entwicklungsstand) und in den Werten des SSV.

Auffallende Verbesserungen zeigten sich bei denjenigen Kindern, deren Werte zum ersten Messzeitpunkt zu den unteren 16 Prozent ihrer Altersgruppe gehörten in Bezug auf den motorischen Entwicklungsstand und das phonologische Arbeitsgedächtnis, welches eine bedeutsame Komponente der Sprachentwicklung darstellt. Die Werte dieser Gruppe verbesserten sich bzgl. des Motorikquotienten im Mittel in den nicht-auffälligen oder durchschnittlichen Bereich hinein, während diejenigen der Kontrollgruppe im kritischen Bereich verblieben. Auch in Bezug auf das phonologische Arbeitsgedächtnis fielen die Ergebnisse der Sprachfördergruppe signifikant höher aus als die der Kontrollgruppe (vgl. Zimmer, 2009a).

Insgesamt können die Befunde als Hinweis auf die Wirksamkeit bewegungsorientierter Sprachförderung gedeutet werden. Gestützt wird diese Annahme durch die im Rahmen der abschließenden Evaluation erfragte Bewertung des Programms durch die beteiligten Erzieherinnen.

9. Fazit

Bewegungsorientierte Sprachförderung beinhaltet die Chance, an den Kompetenzen der Kinder anzusetzen – und nicht an ihren Schwächen.

Je jünger Kinder sind, umso mehr brauchen sie Aktivitäten und Dialoge, in denen die gesprochene Sprache mit weniger rationalen Ausdrucksmitteln und mit Sinneswahrnehmungen, mit Bewegungs- und Handlungserfahrungen verknüpft werden (Sander & Spanier, 2003, S. 15). Das Grundanliegen einer bewegungsorientierten Sprachförderung von Kindern sollte darin bestehen, eine anregungsreiche, zur Aktivität und zum Handeln auffordernde Umwelt zu schaffen, in der das Kind seinen Körper, Bewegung, Sprache und Stimme gleichermaßen einsetzen darf, um sich mit sich selbst und anderen auseinander zu setzen: Sprachförderung braucht Bewegung – im wörtlichen wie im übertragenen Sinne.

Literatur

Bayerisches Staatsministerium für Arbeit und Sozialordnung, Familie und Frauen; Staatsinstitut für Frühpädagogik München (2007). *Der Bayerische Bildungs- und Erziehungsplan für Kinder in Tageseinrichtungen bis zur Einschulung.* 2. Auflage. Berlin, Düsseldorf, Mannheim: Cornelsen Scriptor.

Bruner, J. (2002). *Wie das Kind sprechen lernt.* Bern: Huber.

Grimm, H. (2003). *SSV. Sprachscreening für das Vorschulalter.* Kurzform des SETK 3–5 – Manual. Göttingen: Hogrefe.

Hunger, I.; Zimmer, R. (Hrsg.) (2007). *Bewegung Bildung Gesundheit – Entwicklung fördern von Anfang an.* Schorndorf: Hofmann.

Jampert, K.; Leuckefeld, K.; Zehnbauer, A.; Best, P. (2006). *Sprachliche Förderung in der Kita.* Berlin: Das Netz.

Mandler, J. & Zimmer, R. (2006). Sprach- und Bewegungsentwicklung bei Kindern. *Motorik 29,* (1), 33–40.

Ministerium für Kultus, Jugend und Sport Baden-Württemberg (2007). *Orientierungsplan für Bildung und Erziehung für die baden-württembergische Kindergärten (Pilotphase).* Berlin, Düsseldorf, Mannheim: Cornelsen Scriptor.

Ministerium für Schule, Jugend und Kinder des Landes Nordrhein-Westfalen (2003). *Bildungsvereinbarung NRW. Fundament stärken und erfolgreich starten,* Heft 10.

Sander, R.; Spanier, R. (2003). *Sprachentwicklung und Sprachförderung – Grundlagen für die pädagogische Praxis.* Freiburg: Herder.

Senatsverwaltung für Bildung, Jugend und Sport (2004). *Berliner Bildungsprogramm für die Bildung, Erziehung und Betreuung von Kindern in Kindertageseinrichtungen bis zu ihrem Schuleintritt.* Berlin: Verlag Das Netz.

Thüringer Kultusministerium (2006). *Thüringer Bildungsplan für Kinder bis 10 Jahren.* Erprobungsfassung, Heft 9.

Weber, S. (Hrsg.) (2005). *Die Bildungsbereiche im Kindergarten.* Freiburg: Herder.

Zimmer, R. (2006). *Alles über den Bewegungskindergarten.* Freiburg: Herder.

Zimmer, R. (2008a). *Handbuch der Bewegungserziehung.* Grundlagen für Ausbildung und pädgogische Praxis. Freiburg: Herder.

Zimmer, R. (2008b). *Handbuch der Sinneswahrnehmung.* Grundlagen einer ganzheitlichen Bildung und Erziehung. Freiburg: Herder.

Zimmer, R. (2008c). Sprachförderung braucht Bewegung. Was Springen, Tanzen und Klettern mit Sprachförderung zu tun haben. In: *Kindergarten heute*, (3), 8–12.

Zimmer, R. (2009a). *Handbuch Sprachförderung durch Bewegung.* Freiburg: Herder.

Zimmer, R. (2009b. i. Dr.). *MOT 4–8 Screen.* Motoriktest für vier- bis achtjährige Kinder. Screening Version. Göttingen: Hogrefe.

Prof. Dr. Renate Zimmer

ist Erziehungswissenschaftlerin mit dem Schwerpunkt „Frühe Kindheit" und Professorin für Sportwissenschaft an der Universität Osnabrück, Leiterin des neu gegründeten Niedersächsischen Instituts für Frühkindliche Bildung und Entwicklung. Engagiert sich seit vielen Jahren für eine „Bewegte Kindheit". International bekannt durch Vorträge und Veröffentlichungen: Mehr als 30 Bücher zu den Themen Entwicklungsförderung, Bewegtes Lernen („Toben macht schlau!"), Psychomotorik, die in vielen Sprachen (u.a. auch griechisch, koreanisch, chinesisch, finnisch) übersetzt worden sind.

Gisela Eibeck und Christoph Lorentz

SPRACHFÖRDERUNG DURCH MUSIK

1. Einführung

Im Rahmen der allgemeinen Sprachförderung in den Kindertagesstätten kann die Musik eine wesentliche Rolle spielen. *Sprachförderung durch Musik* ist umfassender und vielfältiger, da gleichzeitig durch die Musik mehrere Sinne angesprochen werden.

Einhellig wird die Meinung unterstützt, dass wirksame Sprachförderung so früh wie möglich ansetzen muss. Hier ist die Musik ein ideales Medium, um die Sprache bereits Kindern ab dem Alter von drei Jahren besser zu vermitteln.

Einerseits bringt die Musik eine große affektive Anregungsqualität mit sich: die Kinder werden „lernbereiter" sein, der Sprachförderung mit Lust und Begeisterung zu folgen. Andererseits legt die Musik auch strukturelle Fähigkeiten in den Kindern an, die durch das systematische differenzierte Hören, Wahrnehmen und Erkennen musikalischer Elemente gebildet werden. Dabei werden formlogische, rhythmische, motorische und melodische Elemente angestrebt.

Die Anregung, musikalische Inhalte in ihrer Wahrnehmung zu strukturieren und zu hören, aufmerksam wahrzunehmen, bereitet nonverbal auf die phonetischen Aufgaben beim Spracherwerb vor.

Dies führt zu grundsätzlich zwei Seiten der *Sprachförderung durch Musik*:
- das Verwenden musikalischer Elemente – Lieder, Spiele, Tänze – für die Steigerung der Attraktivität der Sprachförderung und Lernbereitschaft der Kinder,
- die direkte und „eindringliche" Förderung der Fähigkeiten, die den Spracherwerb vorbereiten bzw. ihm zugrunde liegen.

2. Theoretische Aspekte

2.1 Ausdruckskompetenz

Stimmbildung und Sprachbildung sind miteinander verknüpft. Die Stimme ist das elementare und persönliche Musikinstrument, auf dem Kinder sich von Geburt an in die Welt hineinspielen. Sie sind mit diesem Instrument vertraut und können sich bei entsprechender Anregung immer vielfältiger damit ausdrücken. Was sie erleben, was sie bewegt, findet im Singen und Sprechen seinen Ausdruck.

Musik kann also vor dem Erwerb der Sprache bereits von den Kindern als ein Mittel des persönlichen Ausdrucks erfahren werden. Steigerung der Ausdrucks-Lust bereitet der Lust am Spracherwerb den Boden.

2.2 Rhythmische und melodische Kompetenz

Gesprochene Sätze haben eine melodische Kontur und einen bestimmten Rhythmus. Erkennen kann man ihn, wenn man zu Gesprochenem zum Beispiel klatscht. Genauso wie in der Musik bestimmen Melodie und Rhythmus die Sprache.

2.3 Strukturkompetenz

Strukturiertes Hören, Erkennen von Formen, Melodien und Rhythmen bereiten den Spracherwerb vor und stärken die Basis für den Erwerb von Sprache.

2.4 Hörkompetenz

Musikalische Aktivitäten fördern das aktive, aufmerksame und hinwendungsorientierte Zuhören. Dieses ist für Lernen und Verstehen grundlegend und beeinflusst viele Faktoren: Konzentration, soziale Sensibilität, Teamfähigkeit, auditives Gedächtnis, Intelligenz, Erlebnisfähigkeit, Emotionalität etc. Die Gesamtheit der positiven Auswirkungen kann die Entwicklung vielfältig beeinflussen. „Zuhören können" wird im Alltag intensiv gefordert und ist Voraussetzung für die aktive Teilhabe am Kulturleben. Hören hat eine funktionelle, ästhetische und sinnliche Qualität mit sozialer, kultureller und gesundheitlicher Bedeutung.

Das aufmerksame Zu- und Hinhören ist eine weitere Grundfähigkeit, die den Spracherwerb fördert.

2.5 Motorische Aspekte

Durch „Musik und Bewegung" erobern sich die Kinder die Sprache nachhaltig und eindringlich.

Wenn Kinder mit Zuwanderungsgeschichte wenig oder gar nicht sprechen können, kann Musik und Tanz (z.B. einfaches Spiellied, Kreisspiel) zur verbindenden Sprache für alle Kinder werden. In einer Atmosphäre, in der sich Kinder unbeschwert äußern können – ob mit der Stimme, auf Instrumenten oder beim Tanz –, kann sich Sprache entwickeln, auch durch nonverbale Kommunikation: Der Körper wird zum „Instrument", teilt sich in Mimik, Gestik und Bewegung mit.

So können Brücken zum Verständnis der Kinder aus verschiedenen Kulturen geschlagen, die soziale Integration gefördert und Ausgrenzungen verhindert werden.

Prof. Dr. Gerd Schäfer schreibt über den Zusammenhang von Musik und Spracherwerb:
> „Kinder sind bereits Laut-, Wort- und Satzmusiker, noch bevor sie die ersten Wörter sprechen".

In einer Veröffentlichung des MKJS Baden-Württemberg wird die Rolle der Musik für frühe musikalische Sprachförderung klar beschrieben:
> „Musikalische Elemente ermöglichen dem Kind, linguistische Kompetenzen früher zu erwerben, als es phonetische Elemente leisten können. Die Schulung einer genauen Differenzierung durch das Erkennen melodischer und rhythmischer Strukturen (wie es auch die Sprache bestimmt) fördert somit auch das Sprachverständnis". (MKJS, 2002)

3. Wie funktioniert Sprachförderung durch Musik?

Die Umsetzung geschieht – anknüpfend an der prinzipiellen Musikbegeisterung (Affektivität) der Kinder – durch aktives Musizieren, etwa gemeinsames Singen von Liedern (rhythmische Artikulation, Sprachmelodie), die auch tänzerisch umgesetzt und durch Körper- bzw. Orff-Instrumente/Perkussionsinstrumente begleitet werden können. Die gesamte Bandbreite der Methoden, die im elementaren musikpädagogischen Berufsfeld üblich sind, kommt zum Einsatz.

Sprachförderung durch Musik findet in einer Gruppe mit ca. zehn Kindern mit Sprachförderbedarf statt. Die Gruppe wird gemeinsam von einer musikpädagogischen und einer sozialpädagogischen Fachkraft der Kindertagesstätte betreut.

Durch die Musik werden gleichzeitig mehrere Sinne angesprochen, so dass eine individuelle und zielgerichtete Förderung der Kinder möglich ist. Die musikpädagogische Fachkraft arbeitet auf der Basis der Animation, also künstlerisch agierend und nicht dozierend, da sich Emotionen und Sprache durch Musik besonders gut ausdrücken. Der Sprachinstinkt wird systematisch gefordert und durch Fingerspiele, Lieder, Reime, Gedichte, Bilderbücher, Kreisspiele und rhythmisches Sprechen gefördert.

Ein (Spiel-)Thema führt durch die Stunde, die wegen der begrenzten kindlichen Wahrnehmungskapazität klar ritualisiert und durch einen formbewussten Ablauf geprägt sein muss. Mit einem vielfältigen Repertoire, zu dem u.a. auch Volks- und Kunstmusik diverser Stilrichtungen und Kulturkreise sowie Lieder verschiedener Länder und Sprachen gehören, findet *Sprachförderung durch Musik* statt: singend – spielend – sprechend – schauspielernd – tanzend – hörend.

Einmal in der Woche wird *Sprachförderung durch Musik* in der Kindertagesstätte durchgeführt. Der Unterricht sollte in der Regel mit Landesmitteln, die der Einrichtung für Sprachfördermaßnahmen zur Verfügung gestellt werden, also ohne Elternbeiträge, finanziert werden.

Die musikpädagogische Fachkraft ist für die Vermittlung der musikalischen und sprachlichen Inhalte verantwortlich. Die sozialpädagogische Fachkraft lernt dabei, wie musikalische Prozesse angeleitet werden und kann in ihrer täglichen Arbeit musikalische Sprachförderung nachhaltig einsetzen.

4. Praktische Aspekte

Dichte Vernetzung zwischen Klang- und Wortsprache ergeben sich vor allem beim Spiel mit Stimmklängen und bei Kinderliedern und -versen. Summen, das Spielen mit Tönen sowie Vorsingen und gemeinsames Singen regen bereits ganz kleine Kinder an, ihre Stimme zu erproben.

Mit der Stimme lässt sich erfinderisch umgehen:
- Spiele mit Vokalen und Konsonanten
- Atem- und Mundgeräusche
- unterschiedliche Sprech- und Singarten
- Imitation von Tierstimmen und Instrumenten
- improvisatorische Spiele

Lieder regen zum Sprechen an. Sie sind Anlässe für sprachliches Kommunizieren. Die eigenen stimmlichen Ausdrucksmöglichkeiten werden entwickelt durch:
- Sprachspielereien
- Fingerspiele
- Zungenbrecher
- rhythmische Klatschspiele

Von der Sprache zum Singen wird gewechselt durch:
- Rufe
- Sprechgesänge
- Abzählverse
- Reime
- Gedichte

Bilderbücher, Spiele und Tänze auch aus anderen Kulturen und Sprachen werden in der *Sprachförderung durch Musik* eingesetzt und können im pädagogischen Alltag der Einrichtung weitergeführt und ggf. mit der Unterstützung der Eltern umgesetzt werden.

4.1 Aufbau einer Stunde

Länge der Stunde ca. 60 Minuten
Anzahl der Kinder ca. 10

Ausrichtung der Aktivitäten:
- der Schwerpunkt liegt auf Singen/Sprechen und einer Ausgewogenheit von Musik, Bewegung und dem Instrumentenspiel
- der Stundenablauf ist sorgfältig abgestimmt auf die Erfordernisse der Einrichtung und der Kinder
- reichliche Wiederholung von bestimmten Ritualen
- angemessenes Unterrichtstempo, so dass alle zum Mitsingen und Zuhören ermutigt werden können
- Ausgewogenheit von Interaktion, Gelegenheit für selbständiges Agieren

Folgende Elemente finden sich in den Stundenbildern wieder:
- Begrüßungslied
- Bewegungsspiele
- Fingerspiele
- Lieder in der Muttersprache der Kinder

- Einfache Lieder zum Vor- und Nachsingen, Echospiele, Sprechverse, Stimmbildungen
- Bewusstes Hören: Klänge/Geräusche, Musik aus verschiedenen Kulturen
- Hand- und Körpergesten, Bewegungsarten, Verse zum Lied, mit Instrumenten musizieren
- Arbeit mit Bilderbüchern
- Abschlusslied

Die Stundenbilder sind thematisch auf die Inhalte der Kindertagesstätte bezogen. Der Unterricht findet gemeinsam mit einer sozialpädagogischen Fachkraft statt.

4.2 Exemplarisches Stundenbild

Zielgruppe: zwei- bis dreijährige Kinder
Kinder in diesem Alter sind besonders empfänglich für Musik und Sprache. Sie müssen jedoch entsprechend angeregt werden, dabei können Geschichten, Musik, Spiele oder Bilder helfen.
Thema: Tiere
Material: Tierbilder
Klangstab: d'
verschiedene Orff-Instrumente

Begrüßungslied: „Ich bin schon da"
Jedes Kind wird einzeln begrüßt und antwortet mit: „Ich bin schon da!"
 Die Kinder patschen und klatschen dazu und merken sich somit den Rhythmus von Wörtern auch über die Motorik. Dadurch wird die Sprachentwicklung des Kindes positiv verstärkt. Für die Kinder, die noch nicht singend oder sprechend antworten wollen/können, antworten die Pädagogen.

Buntes Tierkonzert

Gilla Eibeck

Quak, quak, quak, quak, quak, quak ruft der grü-ne Frosch,
quak, quak, quak, quak, quak, quak ruft der grü-ne Frosch.

Wau... bellt der weiße Hund.
Oink... ruft das rosa Schwein.
Kikiriki... kräht der bunte Hahn.
Miau... singt die schwarze Katze.
Muh... schreit die braune Kuh.
Piep... singt die graue Maus.

Durch die Wiederholungen des Liedes bekommen die Kinder Sicherheit und Selbstvertrauen.

Bewegungsspiel: „Buntes Tierkonzert"

Das Lied wird zunächst als *Bewegungslied* eingesetzt:
Alle Kinder hüpfen/laufen zuerst als Frosch, Hund, Schwein, ... (Kinder erfinden noch mehr Tiere) durch den Raum. Danach kommen alle in den Kreis zurück und singen das Lied. Töne und Rhythmen werden hier zu klingenden Gedanken, Gefühlen und Bewegungen. Die Tierlaute bieten die Möglichkeit einer großen Dynamik. Das Lied bietet auch die Möglichkeit gleichzeitig die Farben wahrzunehmen, zu erkennen und zu benennen.

Instrumentalspiel: „Buntes Tierkonzert"
Jedem Tier/Kind wird ein unterschiedliches Instrument, das die Kinder selbst auswählen, zugeordnet. Zeile 1 wird mit Klangstab d' begleitet, in der Zeile zwei wird das entsprechende „Tierinstrument" eingesetzt. Da Kinder in diesem Alter gerne auch mal die Instrumente tauschen, kann mit diesem Lied eine sehr lange Phase gestaltet werden.

Malphase
Die Tierbilder können von den Kindern entweder in der Stunde oder im Laufe der Woche in der Tagesstätte ausgemalt werden.

Abschlusslied

5. Ziele

5.1 Weiterbildung

Damit *Sprachförderung durch Musik* in Kindertagesstätten sinnvoll und nachhaltig durchgeführt werden kann, bedarf es noch gemeinsamer Fortbildungen von musikpädagogischen und sozialpädagogischen Fachkräften.

Folgende Themen sind wünschenswert:
- Was sollten pädagogische Fachkräfte über die kindlichen Strategien beim Spracherwerb wissen?
- Wie werden musikalische Prozesse angeregt, systematisch unterstützt und begleitet?
- Methoden und Konzepte zur Integration von *Sprachförderung durch Musik* in der täglichen Arbeit der Kindertagesstätten.
- Musik und Bewegung
- Stimme/Sprache – Wie kann Kindersprache beobachtet und dokumentiert werden?
- Welche Besonderheiten sind bei mehrsprachigen Kindern zu berücksichtigen?
- Arbeit im „Team"
- Arbeit mit Eltern mit Zuwanderungsgeschichte

5.2 Gemeinsames Ziel

Musikschulen und Kindertagesstätten haben ein gemeinsames Ziel, nämlich die Kinder in ihrer Wahrnehmung zu fördern und zu unterstützen. Deshalb ist es sinnvoll, die Professionen von musikpädagogischem und sozialpädagogischem Fachpersonal zu bündeln und gemeinsam daran zu arbeiten, das musikalische und sprachliche Ausdrucksrepertoire der Kinder zu erweitern, zu vertiefen und nachhaltig zu verbessern.

Literatur

Ministerium für Kultur, Jugend und Sport des Landes Baden-Württemberg (MKJS) (2002). *Die Bedeutung der Sprache für die Kooperation,* in: Koop. IX.30.

Gisela Eibeck

Diplom-Musikpädagogin, Studium der Musikpädagogik bei Professor Karl-Heinz Zarius an der Musikhochschule Köln, Institut Wuppertal; Instrumentalpädagogik, Hauptfach Mandoline. Abteilungsleiterin an der Musikschule Bochum für den Bereich Elementare Musikpädagogik. Das Projekt „Elementare Musische Erziehung in Kindertagesstätten" (EMU) wurde von ihr konzeptionell entwickelt.

Christoph Lorentz

hat ein Studium der Diplompädagogik und ein Studium der Sondererziehung und Rehabilitation absolviert. Er ist Sprachtherapeut (EHP) und hat eine Weiterbildung in Transaktionsanalyse besucht. Seit 20 Jahren ist er freiberuflich tätig in den Bereichen Therapie und Förderung von Kindern im Vorschul- und Primarbereich, Entwicklung und Betreuung von Sprachförderprojekten in Kindertagesstätten und Schulen, Entwicklung und Durchführung von Weiterbildungen für pädagogische Mitarbeiter mit den Schwerpunkten Kommunikation, Sprache und Förderung sowie Beratung von Institutionen und Coaching.

Gisela Lück

NATURWISSENSCHAFTLICHE BILDUNG UND SPRACHFÖRDERUNG

Es mag vielleicht überraschend sein, im Rahmen eines Fachtages zum Thema Sprache ein Thema vorzufinden, dass sich mit der Schnittstelle zwischen Sprach- und Naturwissenschaftsförderung befasst und diese Verwunderung beruht auf zwei Gründen: Erstens: Naturwissenschaftsförderung in frühen Jahren – insbesondere auf dem Gebiet der unbelebten Natur – ist noch immer nicht ganz selbstverständlich. Zweitens: Naturwissenschaftsvermittlung allein scheint schon so schwierig, dass eine zusätzliche Sprachförderung hier keinen Platz haben kann.

Besonders die letzte Aussage soll im Verlauf des folgenden Beitrags widerlegt und zudem herausgearbeitet werden, inwieweit gerade in der handlungsorientierten Sprachförderung eine Art methodischer Königsweg liegt, um Synergien zwischen Sprache und Naturwissenschaftsvermittlung herzustellen.

1. Die Bedeutung der Naturwissenschaftsförderung in den frühen Jahren des Kindergartens und der Grundschule

Seit Mitte der 90er Jahre liegen empirische Studien vor, in denen eine frühzeitige Heranführung von Kindern an Naturphänomene im Sinne einer naturwissenschaftlichen Bildung untersucht wurde (Lück 2000). Diese Untersuchungsergebnisse konnten inzwischen in einer Vielzahl weiterer Studien belegt sowie durch eine breite Umsetzung in der Praxis bestätigt werden.

1.1 Akzeptanz

Als Hinweis auf eine positive Akzeptanz bzw. ein erstes aufkeimendes Interesse für Naturphänomene wurde die freiwillige Teilnahme der Kindergartenkinder an naturwissenschaftlichen Experimentierangeboten gewählt. Trotz konkurrierender Angebote, mit deren Hilfe ausgeschlossen werden konnte, dass die Kinder nur aus Gründen der Abwechslung die Experimentierangebote annahmen, entschieden sich rund 70 Prozent der Kinder ab fünf Jahren über einen Zeitraum von zehn Wochen freiwillig für das naturwissenschaftliche Bildungsangebot (Lück, 2000, S. 153 ff.).

1.2 Erinnerungsfähigkeit

Die Kinder wurden ein halbes Jahr nach Beginn der Experimentierreihen in Einzelinterviews zu Aufbau, Durchführung und Deutung der Experimente befragt. Rund 30 Prozent der Experimente konnte von den Kindern ohne Hilfestellung nicht nur in der Durchführung, sondern einschließlich der naturwissenschaftlichen Deutung erinnert werden. Weitere 20 Prozent der Experimente wurden erinnert, wenn kleine Hilfestellungen gegeben wurden. Diese Ergebnisse zeigten sich quer durch alle sozialen Schichten, was ein Hinweis darauf ist, dass eine frühzeitige Heranführung an die Naturphänomene von allen Kindern gleichermaßen möglich ist und Sprachbarrieren oder geringe Förderung seitens des Elternhauses kein Hinderungsgrund sind, einen ersten Zugang zu Naturphänomenen zu erhalten.

Dafür sprechen auch langjährige Beobachtungen, die mit zahlreichen behinderten Kindern unterschiedlicher Behinderung gemacht wurden. Auffällig ist die regelmäßig große Aufmerksamkeit und Konzentration auf Naturphänome, so dass diesem Thema derzeit im Rahmen von empirischen Untersuchungen besondere Aufmerksamkeit gewidmet wird (Lück, 2000, S. 156 ff.).

1.3 Langzeitwirkung

Bislang wurden noch keine Longitudinalstudien zum Themenfeld ‚Naturwissenschaftliche Bildung' durchgeführt werden. Indirekt wurden über Bewerbungsunterlagen von Abiturienten, die sich für ein Chemiestudium entschieden haben, Informationen über die Langzeitwirkung frühkindlichen naturwissenschaftlichen Einflusses ermittelt. 22 Prozent der insgesamt 1345 Bewerberinnen und Bewerber für einen Studienplatz im Jahr 2000 in Chemie gaben an, bereits in der frühen Kindheit – insbesondere durch Familienmitglieder – für die Naturwissenschaften interessiert worden zu sein – nach der Einführung des Fachs Chemie in der Sekundarstufe I (45 Prozent) die mit Abstand häufigste Nennung (Lück, 2003, S. 74).

Seit September 2005 haben alle Bundesländer in Deutschland in ihren Bildungsvereinbarungen den Bildungsbereich ‚Naturwissenschaftliche Bildung' verbindlich und mit mehr oder weniger konkret dargestellten Inhalten aufgenommen. Damit haben die Naturwissenschaften neben Sprache, Kunst, Bewegung sowie sozialem Umgang und Werteorientierung einen festen Platz erhalten.

2. Probleme bei der Umsetzung von Themen der unbelebten Natur in Kindergärten und Grundschulen: Die Biologie hat ein besseres Image

Wie jüngste Untersuchungsergebnisse zeigen, bevorzugen Pädagogen des Elementar- und Primarbereichs nach wie vor den biologischen Bereich gegenüber dem der Chemie und Physik (Risch, Lück, 2004, S. 64 f.). Dies hat vielfältige Gründe, die vor allem in der biografischen Entwicklung der Lehrenden zu finden sind: Biologie wird als positiver eingeschätzt, hatte in der eigenen Ausbildung bereits einen wesentlich höheren Stellenwert als die unbelebte Natur und vor allem fehlen oftmals Erfahrungen bei der Umsetzung der Themen im Kindergarten und in der Grundschule.

Entgegen der vorherrschenden Meinung bieten Phänomene der unbelebten Natur nicht selten einen leichteren Einstieg in naturwissenschaftliches Experimentieren:
So lassen sich physikalische und chemische Themen zu jeder Jahres- und Tageszeit durchführen: Auch in den tristen Wintermonaten, in denen Flora und Fauna deutlich weniger Attraktionen zu bieten haben, können einfache Experimente in einem Gruppenraum der Einrichtung durchgeführt werden: Ein Teelicht beispielsweise erlischt auch im November, wenn man ein Glas darüber stülpt.

Die Phänomene der unbelebten Natur können, so oft das Kind möchte, wiederholt werden, was bei einem biologischen Phänomen naturgemäß nicht gelingt. Gerade dann, wenn das Kind von dem unerwarteten Ausgang eines Versuchs oder dem Verlauf eines Experiments fasziniert ist, kommt der Wunsch auf, dieses zu wiederholen, es zu variieren und im eigenen Rhythmus Erfahrungen über das Phänomen zu sammeln. Während beispielsweise beliebig viele Zuckerwürfel in Wasser mit unterschiedlicher Temperatur gelöst werden können, um den Einfluss von Temperatur und Lösungsgeschwindigkeit zu beobachten, kann im Frühjahr eine Tulpe nur ein einziges Mal aus einer Zwiebel wachsen – und dabei wird das Kind meistens lediglich in die Beobachterrolle gedrängt, zu tun gibt es dabei nicht viel.

Phänomene der unbelebten Natur sind oftmals leichter kindgerecht zu deuten als die der belebten Natur, weil die Ursachen für den Verlauf des chemischen oder physikalischen Experiments auf nur wenige Naturgesetze zurückzuführen sind, während in der Biologie oftmals viele Einflüsse gleichzeitig wirken. Beispielsweise ist das Erlöschen einer Kerze durch Luftentzug leicht so zu deuten, dass die Kerze zum Brennen Luft benötigt: Die Metamorphose einer Raupe in einen Schmetterling ist dagegen deutlich schwieriger vermittelbar.

Das folgende Argument für eine frühzeitige Vermittlung der Phänomene der unbelebten Natur ist das wohl tiefgreifendste: Die belebte Natur und die unbelebte Natur gehören zusammen und viele Phänomene der unbelebten Natur machen erst die Lebensformen, die wir in der belebten Natur vorfinden, möglich: So ist beispielsweise das unterschiedliche Lösungsverhalten von Salz und Zucker für den menschlichen Organismus von großer Bedeutung; die Tatsache, dass Eis eine geringere Dichte als Wasser hat, ist für die Wassertemperatur auf der Erde wichtig und es ließen sich viele weitere Beispiele finden (vgl. Lück, 2006, S. 18).

Würde es gelingen, die Phänomene der unbelebten Natur mit anderen Themengebieten zu vernetzten, wäre die Umsetzung dieses für manche Pädagogen noch fern liegenden Themengebietes entschieden einfacher. Eine besonders gute Vernetzungsmöglichkeit der naturwissenschaftlichen Frühbildung besteht zur frühen Sprachförderung, auch wenn sich das – wie eingangs schon erwähnt – nicht sogleich aufdrängt. Im Folgenden soll auf die einzelnen Aspekte der Synergien zwischen Sprachentwicklung und Naturwissenschaftsvermittlung näher eingegangen werden.

3. Berührungspunkte zwischen Sprache und Naturwissenschaft

Es gibt in vielerlei Hinsicht Schnittstellen zwischen Sprache und Naturwissenschaftsvermittlung:

Im Zusammenhang mit der Durchführung eines Experiments, also der ersten handlungsorientierten Annäherung an Naturphänomene, steht die Benennung der zur Durchführung des Versuchs erforderlichen Gegenstände sowie die Beschreibung des Versuchsablaufs. Sprachorientiert ist zudem auch die Formulierung der Fragen an die Natur sowie erste von den Kindern geäußerte Mutmaßungen.

Wenn ein Naturphänomen und das entsprechende Experiment in einen Rahmen eingebettet hinzukommen, indem eine Geschichte erzählt wird (Storytelling), ist der Sprachbezug erneut gegeben.

Die Deutung des Naturphänomens ist naturgemäß ausschließlich sprachgebunden, allerdings wird diese sprachliche Komponente der Naturwissenschaftsvermittlung noch elaboriert, wenn metaphorische Darstellungen – etwa in Form von Animismen bzw. Anthropomorphismen – gewählt werden.

Schließlich ist die gängige Umgangssprache ein Aspekt, mit dem jede Naturwissenschaftsvermittlung konfrontiert wird, wenn es um das Auflösen so genannter Fehlvorstellungen geht. Mit diesem komplexen Sprachbezug soll die folgende Darstellung der Zusammenhänge zwischen Sprache und Naturwissenschaftsvermittlung schließen.

3.1 Die Bennennung der Gegenstände und Beschreibung des Experiments

Zu Beginn meiner eigenen langjährigen Untersuchungen in Kindergärten und Grundschulen fiel mir der Sprachbezug bei der Naturwissenschaftsvermittlung nicht auf, zu sehr stand anfangs die Frage im Mittelpunkt, ob Kindergarten- und Grundschulkinder überhaupt schon an Naturphänomene herangeführt werden können. Das änderte sich, als in einer Experimentiergruppe ein türkisches Mädchen engagiert bei der Durchführung der Experimente mitmachte, obwohl es kaum die deutsche Sprache beherrschte. Die Materialien, die für das bevorstehende Experiment benötigt wurden, waren gut sichtbar auf einer Unterlage zusammengetragen und die Kinder wurden – wie immer – aufgefordert, die Gegenstände zu benennen. Dabei taten sich auch die deutschsprachigen Kinder schwer. Da wurde ein Glas als Becher bezeichnet, ein Streichholz als Feuerzeug oder einfach nur als Feuer und aus einer Salatschüssel wurde schnell auch mal ein Topf. Dem türkischen Mädchen war die Aufmerksamkeit geradezu anzumerken, mit der es die Namen der Gegenstände genau mitzubekommen versuchte – mit Erfolg: Sechs Monate später war das Mädchen noch in der Lage, einige der für die Experimente erforderlichen Gegenstände zu benennen – auf Deutsch.

Während einer Untersuchung in einer heilpädagogischen Einrichtung fiel mir ein geistig behinderter Junge auf, der die Namen der Gegenstände langsam nachsprach, während er die Materialien für die Durchführung seines Experiments verwendete. ‚Warum macht der Junge dies?', so damals meine überraschte Frage. Er wollte die Dinge *begreifen*, indem er sie aussprach *und* sinnlich wahrnahm!

Das naturwissenschaftliche Experimentieren bietet über das Bezeichnen der Gegenstände noch zahlreiche weitere Gelegenheiten zur Sprachförderung: Die Versuchsdurchführung muss sprachlich erfasst werden, sonst gelingt das Experiment nicht. Bei den Kindern, bei denen große sprachliche Hürden bestehen, hilft das Nachahmen der Tätigkeiten anderer Kinder.

Schließlich – und das löst das größte Engagement der Kinder zum Sprechen aus – steht die Warum-Frage im Raum: Warum können zwei Gummibärchen unter Wasser tauchen, ohne nass zu werden, weshalb saugt die Babywindel soviel besser Feuchtigkeit als Alu-Folie und warum geht die Kerze aus, wenn Backpulver und Essig miteinander gemischt und das entweichende Gas (Kohlenstoffdioxid) über die Flamme gehalten wird? Wer hier seiner Verblüffung nicht Ausdruck verleihen kann, erhält möglicherweise keine Antwort und die Warum-Fragen sind in der Zeit der späten Kindergartenjahre und frühen Grundschuljahre entwicklungs- und lernpsychologisch entscheidend (vgl. Lück, 2003, S. 23).

Auch erste Vermutungen der Kinder bedürfen des sprachlichen Ausdrucks – oft müssen dabei die gängigen Formulierungen verlassen und neue Ausdrucksmöglichkeiten gesucht werden.

Die Bemühungen der Kinder zu begründen, wie sie warmes Wasser allein optisch von kaltem unterscheiden, zeigt die folgende Sammlung an Antworten, die im Rahmen eines Forschungsprojekts zur Untersuchung des frühkindlichen intuitiven Wissens erhoben wurden (Krahn, 2006):
„… wegen hier ist Luft, von heißem Wasser kriegt man diese Luft." (Burcu, 5 Jahre)
„… weil das da so ein bisschen dampft." (Jan, 5 Jahre)
„… da sind kleine Tropfen von das warme Wasser." (Anton, 5 Jahre)
„… weil das hier so'n bisschen hat wie anhauchen." (Vanessa, 4 Jahre)
„Das ist das warme! Weil da Rauch raus kommt!" (Hanife, 7 Jahre)

In dem großen Bedürfnis der Kinder, sich auf einem Gebiet ausdrücken zu können, das ihnen unmittelbar nach dem Experiment so wichtig ist, liegt eines der großen Potentiale der Sprachförderung durch Naturwissenschaftsvermittlung.

3.2 Storytelling – mehr als nur eine schöne Verpackung

In Anlehnung an Bruno Bettelheims Buchtitel ‚Kinder brauchen Märchen', soll das narrative Element auch auf das Themenfeld der naturwissenschaftlichen Bildung im Elementarbereich übertragen werden.

Kubli hat in seinem äußerst lesenswerten Buch ‚Plädoyer für Erzählungen im Physikunterricht' eine Voruntersuchung durchgeführt, bei der er 192 Schweizer Gymnasiasten verschiedene im Physikunterricht durchgeführte Unterrichtsmethoden mit einer Skala von 1 (ungünstig) bis 6 (günstig) bewerten ließ. Dabei konnten Lehrer- und Schülerexperimente gut abschneiden (5,10 und 4,82); auch die Diskussionen neuerer Entdeckungen erzielten gute Ergebnisse (4,91). Überraschend war aber, dass auch Erzählungen der Lehrer auf große Resonanz stießen (4,24), während das Lesen historischer Texte vergleichsweise schlecht abschnitt (2,70) (vgl. Kubli, 2002, S. 24). In einer folgenden Interventionsstudie konnte Kubli belegen, dass erzählende Darstellungen der Lehrenden die größte Resonanz bei den Lernenden findet. Vergleichsuntersuchungen liegen für die naturwissenschaftliche Bildung im Elementarbereich noch nicht vor, doch es spricht vieles dafür, dass das Erzählen der Pädagogen zum Themenfeld ‚Naturwissenschaftliche Bildung' und das Experimentieren auch hier die beliebtesten Formen der Heranführung an das Experimentieren darstellen (Lück, 2006, S. 44).

3.2.1 Narrative Elemente im naturwissenschaftlichen Sachunterricht

Es bietet sich sicherlich nicht jede beliebige Geschichte an, um das narrative Element zur Geltung zu bringen. Die Geschichte soll neben einem thematischen Bezug auch den Alltagsbezug der Kindergartenkinder berücksichtigen und – wenn möglich – auch noch das Experiment integrieren.

Welche Art von Erzählung soll es aber sein, die einerseits nicht zu lang sein darf, so dass das eigentliche naturwissenschaftliche Phänomen dahinter zurückgedrängt wird, anderseits aber auch nicht so kurz, dass der Bezug zum Thema erst gar nicht deutlich wird? Da das Storytelling immer auch Affekte wecken soll, oder wie Kubli es zum Ausdruck bringt „mit Emotionen spielen soll" (Kubli, 2002, S. 113), können rezeptartige Regeln für erfolgreiches Erzählen kaum verbindlich formuliert werden. Auch Reinhardt nimmt von einer allzu präzisen Anleitung in seinem Buch „Storytelling in der Pädagogik" eher Abstand. Dennoch ist es einfach, das narrative einzubringen, wenn man erst einmal die Resonanz erfahren hat, die die Schulklasse dieser veränderten Unterrichtsform entgegenbringt.

3.2.2 Beispiele für narrative Didaktik im Kindergarten

Seit kurzer Zeit werden für den Kindergarten zunehmend Materialien angeboten, die das narrative Element bei der Heranführung der Kinder an Naturphänomene in den Mittelpunkt stellen. Zu nennen sind beispielsweise ‚Die Reise der kleinen Sonne' (Gruber et al. 2006), aber auch ‚Forschen mit Fred', eine Geschichtensammlung über einen abenteuerlustigen Ameisenjungen, der mit seinem klugen Freund Paul die Naturphänomene hinterfragt und hin und wieder auf die Hilfe der experimentierenden Kinder angewiesen ist (Lück, 2007).

Jüngste Untersuchungen zeigen, dass Kinder, die mit Storytelling an naturwissenschaftliche Themen herangeführt werden, affektiv sehr stark angesprochen werden und manche Kinder die naturwissenschaftlichen Hintergründe über die Geschichten rekapitulieren (Schekatz, 2009).

Dieses Ergebnis lässt sich gut mit neueren neurophysiologischen Befunden untermauern. Eine Speicherung des neu Erlernten im so genannten episodischen Gedächtnis erleichtert das Abrufen des erworbenen Wissens mehr als das durch Auswendiglernen im Faktengedächtnis gespeicherte Wissen (Brand & Markowitsch, 2004).

3.3 Die Verwendung von Animismen – eine Methode der Deutung des naturwissenschaftlichen Phänomens

Wenn es um die naturwissenschaftliche Deutung eines Experiments geht, ist die Verwendung von Sprache und damit Sprachförderung unumgänglich. Bei einer Methode der Deutung, nämlich der Beseelung der Natur etwa durch Formulierungen wie ‚Die Kerze frisst Luft' oder ‚Wasser und Öl sind wie Katz und Hund', ist man dem Sprachbezug besonders nah, da hier Erklärungsversuche metaphorisch anderen Gebieten entlehnt werden. Diese Vorgehensweise, die sich heute zunehmend in der frühen Bildung etabliert, war nicht immer unumstritten, stand doch seit den 70er Jahren des letzten Jahrhunderts vor allem eine sachlich-naturwissenschaftsnahe Deutung im Vordergrund.

Forderungen nach Abbau der Animismen blieben nicht ohne Folgen: Auswertungen etwa von Chemieschulbüchern der 80er Jahre zeigen, dass in der bildlichen Darstellung Animismen völlig vermieden wurden – und sicherlich kann sich der ein oder andere Leser noch an sein Chemieschulbuch erinnern, in dem es neben chemischen Formeln nur so von Darstellungen großtechnischer Chemieanlagen und deren Modellen wimmelte – nicht selten auf Kosten einer gewissen Übersichtlichkeit.

Trotz der ablehnenden Haltung sind heute eine Vielzahl an Beseelungen in Beschreibungen und Deutungen von naturwissenschaftlichen Phänomenen zu beobachten, die sich quasi an der Animismusdiskussion ‚vorbeigeschlichen' haben. Es sind auch die Fachtermini, die versteckte Animismen enthalten. Hier findet man Begriffe wie ‚Donor/Akzeptor', ‚Philos' und ‚Phobos', ‚hydrophil' und ‚hydrophob', ‚in statu nascendi', ‚Ion' etc. Auch in der Gruppe deutschsprachiger Animismen geht es offensichtlich recht menschlich zu: Lösungen, in die kein Feststoff mehr hineinpasst, d.h. gelöst werden kann, heißen gesättigt. Freude gibt es bei den Atomen und Molekülen auch hinreichend: Sie sind reaktionsfreudig und befinden sich dabei nicht selten in einem angeregten Zustand. Auch die Begriffe ‚harte' und ‚sanfte' Chemie entstammen letztlich animistischen Vorstellungen.

Mit Beginn der 90er Jahre ist allmählich die animistische Darstellungsweise zurückgekehrt. Nun wäre zu vermuten, dass auch eine didaktische Diskussion um deren Verwendung entfacht sei, aber lediglich die Biologiedidaktik wendet sich in jüngerer Zeit diesem Thema zu und belebt es durch neuere empirische Untersuchungen: Hervorzuheben sind insbesondere Arbeiten von Gebhard (2001).

Sein Beitrag zur Animismusdiskussion knüpft zunächst an der von Piaget aufgestellten Hypothese an, dass der kindliche Animismus etwa im Alter von 12 Jahren überwunden sei. Diese Altersgrenze ist bereits seit langem in der Diskussion. In einigen jüngeren Untersuchungen wird beobachtet, dass gerade zu Beginn der Grundschulzeit die animistische Weltinterpretation sprunghaft abnimmt. Andere Psychologen wie Oerter oder auch Vincze gehen davon aus, dass die Anlage zum Animismus ein Leben lang vorhanden ist, und nur allmählich durch Zunahme an Sachkenntnissen ersetzt bzw. ergänzt wird (Oerter, 1974, S. 313). So ist nach Vincze anzunehmen, dass es das animistisch-magische Denken in allen Altersstufen gibt und dass sogar bei Erwachsenen nur eine „dünne Schicht vor dem Magischen" besteht (Vincze, Vincze, 1964).

Animismen bieten – so Gebhard – anders als formalistische, sachlich-nüchterne Darstellungen – nicht nur einen kognitiven Zugang zu Weltdeutungen, sondern darüber hinaus auch einen affektiven. Sie erzeugen Emotionen gegenüber dem Dargestellten bzw. gegenüber den Sachverhalten, um deren Verständnis wir uns bemühen (Gebhard 2001, 64 ff., Gebhard 1997, 55 ff.). Diese Aussage deckt sich mit einer langen wissenschaftstheoretischen Tradition, die herausstellt, dass der Mensch immer neben einem objektivierenden Zugang auch eine subjektive, anthropozentrische Interpretation sucht, die allerdings bei Lernprozessen und in der Wissenschaftsdarstellung selten thematisiert, sondern schlichtweg ignoriert wird. Beispiele für diese ‚doppelgleisige' Annäherung an unsere Welt sind etwa Namengebungen von Hoch- und Tiefdruckgebieten in der Meteorologie, um diesen eben nicht nur einen naturwissenschaftlichen Charakter zu geben, der sich in Hektopascal niederschlägt, sondern um sie bewusst – oder vielleicht doch eher unterbewusst – zu vermenschlichen. Dasselbe gilt für geradezu liebevolle Namengebungen von noch so zerstörerischen Orkanen, wie etwa dem Orkan Lothar, der 1999 über einem großen Teil Deutschlands wütete.

Wenden wir uns aber noch einem weiteren Aspekt zu, den Gebhard in seiner Auseinandersetzung mit Animismen thematisiert. Nachdem er herausgestellt hat, dass uns animistisches Denken ein Leben lang begleitet und dieses eine andere affektive Bindung erzeugt als die rein naturwissenschaftliche Betrachtungsweise, wendet er sich der Frage zu, in welchem Ausmaß der Animismus bei Kommunikationsprozessen – insbesondere im schulischen Bereich – seine Berechtigung finden soll. Er beschreibt ein Spannungsfeld zwischen Animismus einerseits und Versachlichung der Natur andererseits: Ein Zuviel an unreflektierten Animismen – so Gebhard – fördert ein anthropozentrisches Weltbild und somit einen Egozentrismus, der dazu führt, sich selbst bzw. den Menschen stets in den Mittelpunkt des Naturgeschehens zu stellen. An Sätzen wie „Die vorüberziehenden Wolken nehmen mir die Sonne weg", scheint die Gefahr des Egozentrismus nicht bedrohlich; anders aber ist es, wenn dies zu einem anthropozentrischen Weltbild führt, welches eine ökologische Krise begünstigt.

Ein Verzicht auf Animismen würde dagegen den affektiven Zugang zum Naturphänomen zurückdrängen, zu einer Entseelung beitragen, die die Adressaten zu einem gegenüber der Natur Unbeteiligten werden lässt. Es sollte also ein Mittelweg gefunden werden zwischen einer reflektierten Verwendung von Animismen und einer sachlichen Darstellung der Naturphänomene.

3.4 Sprachfallen als Barrieren naturwissenschaftlichen Verstehens

Kommen wir im Folgenden zum letzten und sicherlich komplexesten Bezug zwischen Naturwissenschaftsvermittlung und Sprachförderung – den

Fehlvorstellungen durch Sprache. Ohne Frage sind Denken und Sprache eng miteinander verknüpft. Doch Sprache weist universelle Strukturen auf, die dem Denken – insbesondere bei der Erfassung naturwissenschaftlicher Deutungen – hinderlich sind (Lück, 1985).

Es sind dabei insbesondere vier ‚Sprachfallen' auszumachen, die vor allem von dem Philosophen Friedrich Nietzsche analysiert wurden (vgl. Lück, 1999, S. 73).

3.4.1 Verallgemeinerung individueller Unterschiede durch Begriffe

Durch Wort- und Begriffsbildung vorgenommene Verallgemeinerungen individueller Unterschiede – innerhalb des sprachlichen Verständigungssystems ohne Frage eine Notwendigkeit – korrespondieren nicht mit dem tatsächlich Gegebenen. Kein Einzelphänomen, ob Blatt, Stein oder Regentropfen, enthält nur die Eigenschaften seiner im Wort enthaltenen Verallgemeinerungen, oder genauer: Das in Wort und Begriff verallgemeinert Zusammengefasste ist als Phänomen niemals existent und wiederum eine Festsetzung, die dem sprachlich Beschriebenen nicht entspricht und solange irreführend ist, wie dieser Symbolcharakter von Wort und Begriff nicht eigens thematisiert wird.

3.4.2 Limitierung durch begrenzte Auswahl an Worten

Eine weitere Festsetzung und Begrenzung durch die Sprache liegt in der Auswahl der zur Verfügung stehenden Worte, wird doch so unser bewusstes Denken auf diese in der sprachlichen Konvention akzeptierten Worte eingeschränkt, wenn man eine direkte Wechselwirkung zwischen Bewusstsein und Sprache zugrunde legt.

3.4.3 Grammatikalische Zwänge

Auch die grammatikalischen Strukturen schreiben dem Denken und Erkennen Operationen vor. Der Satz: „Der Blitz leuchtet" enthält nach Nietzsche ein tautologisches Moment, da hinter dem Werden, dem Leuchten – entsprechend der grammatikalischen Forderung nach Subjekt-Pradikat-Bildung – eine statische Instanz aufgebaut wird, die das Werden „tut", nämlich der Blitz. Dieser Setzung eines Dinges, eines Subjektes, das eine Handlung verursacht, geht Nietzsche auf den Grund.

3.4.4 Statische Sprache

Last not least ist Sprache vor allem nicht in der Lage, das Prozessuale zum Ausdruck zu bringen, wie es in der Regel Veränderungen unserer Umgebung unterliegt. Ein Satz wie ‚Die Kerze brennt' ist streng genommen falsch, da er die Veränderung der Kerze während des Brennens – sie wird beispielsweise kleiner, die Umgebung wärmer etc. – nicht berücksichtigt.

3.4.5 ‚Nichts' und ‚weg' gibt es nicht

Zu den o.g. Sprachbarrieren kommen noch Alltagsformulierungen hinzu, die mit Naturgesetzmäßigkeiten unvereinbar sind. So formulieren wir Sätze wie: ‚Meine Brille ist weg' oder ‚Mein Kühlschrank ist leer', obwohl ‚nichts' und ‚weg' bzw. vernichten oder verschwinden nach dem Masseerhaltungssatz naturwissenschaftlich gesehen nicht möglich sind.

Erst durch ein Zusammenwirken von naturwissenschaftlichem Experiment und sprachlicher Formulierung kann auf die o.g. Diskrepanzen aufmerksam gemacht werden – Sprache allein reicht nicht aus.

In dieser Hinsicht soll das Schlusswort der Reformpädagoge Johann Heinrich Pestalozzi haben:

> „Der Schaden ist nicht
> abzusehen, dass man den
> Unterricht an so vieles
> Wortbrauchen bindet."

Literatur

Bettelheim, Bruno (1980). *Kinder brauchen Märchen.* München: Deutscher Taschenbuch Verlag.

Brand, Matthias; Markowitsch, Hans J. (2004). Lernen und Gedächtnis. *Praxis der Naturwissenschaften*. Biologie in der Schule, Heft 7, S. 1-7.

Gebhard, Ulrich (1997): Naturbeziehung und Naturerfahrung bei Kindern. In: Köhnlein, Walter; Marquardt-Mau, Brunhilde; Schreier, Helmut (Hrsg.). *Kinder auf dem Weg zum Verstehen der Welt* (S. 55-75). Bad Heilbrunn: Verlag Julius Klinkhardt.

Gebhard, Ulrich (2001): *Kind und Natur. Die Bedeutung der Natur für die psychische Entwicklung.* Westdeutscher Verlag, Wiesbaden. Dies ist die Neuauflage von 1994.

Gruber, Werner; Riahi, Natascha; Rupp, Christian (2006): *Die Reise der kleinen Sonne.* Troisdorf: Bildungsverlag Eins.

Krahn, Sonja (2006). *Untersuchungen zum intuitiven naturwissenschaftlichen Wissen von Kindern im Alter zwischen zwei und sieben Jahren.* Dissertation, Universität Bielefeld, Fakultät für Chemie, Arbeitskreis Didaktik der Chemie.

Kubli, Fritz (2002). *Plädoyer für Erzählungen im Physikunterricht.* Köln: Aulis Verlag Deubner.

Kubli, Fritz (2005). *Mit Geschichten und Erzählungen motivieren – Beispiele für den mathematisch-naturwissenschaftlichen Unterricht.* Köln: Aulis Verlag Deubner.

Lück, Gisela (1985). *Nietzsches Kritik der Erkenntnis als Verfestigung.* Untersuchung zu Nietzsches Analyse von Philosophie, Sprache und Historie. Dissertationsdruck.

Lück, Gisela (1999). Nietzsches Naturwissenschaftskritik. In: Elke Sumfleth (Hrsg.). *Chemiedidaktik im Wandel – Gedanken zu einem neuen Chemieunterricht.* Festschrift für Altfried Gramm. Münster, S. 66-90.

Lück, Gisela (2000). Naturwissenschaften im frühen Kindesalter. Untersuchungen zur Primärbegegnung von Vorschulkindern mit Phänomenen der unbelebten Natur. In *Naturwissenschaften und Technik – Didaktik im Gespräch.* Bd. 33. Münster: LIT Verlag.

Lück, Gisela (2001). Wenn die unbelebte Natur im Sachunterricht beseelt wird. Die Rolle der Animismen im Vermittlungsprozess. In: Kahlert, Joachim; Inckemann, Elke (Hrsg.). *Wissen, Können und Verstehen – über die Herstellung ihrer Zusammenhänge im Sachunterricht.* Probleme und Perspektiven des Sachunterrichts, Bd. 11. Bad Heilbrunn: Verlag Julius Klinkhardt. S. 149–159.

Lück, Gisela (2003). *Handbuch der naturwissenschaftlichen Bildung.* Theorie und Praxis für die Arbeit in Kindertageseinrichtungen. Freiburg: Herder.

Lück, Gisela (2004). Von einsamen Elektronenpaaren – Oder: Warum es auch in der Chemie ‚menschelt', In *Wenn der Geist die Materie küsst.* Frankfurt: Verlag Harri Deutsch. S.163-175.

Lück, Gisela (2005). *Neue leichte Experimente für Eltern und Kinder.* Freiburg: Herder Spektrum.

Lück, Gisela (2006). *Was blubbert da im Wasserglas.* Bildungsarbeit praktisch. Freiburg: Herder.

Lück, Gisela (2006). Geschichten erzählen im naturwissenschaftlichen Sachunterricht. Ein Plädoyer für eine narrative Didaktik. *Grundschule, Heft 3*, S. 43-45

Lück, Gisela (2007). *Forschen mit Fred.* Oberursel: Finken-Verlag.

Oerter, R. (1974). *Moderne Entwicklungspsychologie.* Donauwörth.

Reinhardt, Ingo (2003). *Storytelling in der Pädagogik.* Eine Einführung in die Arbeit mit Geschichten. Stuttgart: Ibidem-Verlag.

Rilke, Rainer Maria (1955). *Sämtliche Werke in sechs Bänden.* Bd. 1, Frankfurt am Main.

Risch, Björn (2006). *Entwicklung eines an den Elementarbereich anschlussfähigen Sachunterrichts mit Themen der unbelebten Natur.* Göttingen: Cuvillier Verlag.

Risch, Björn; Lück, Gisela (2004): Stiefkinder des Sachunterrichts. Lehrplananalyse des naturwissenschaftlichen Anfangsunterrichts. *Grundschule, Heft 10*, S. 63-66.

Schekatz, Sonja: *„Storytelling" – eine narrative Methode zur Vermittlung von Naturwissenschaften im Sachunterricht der Grundschule.* Dissertation Universität Bielefeld. In Vorbereitung.

Vincze L.; Vincze F. (1964). *Die Erziehung zum Vorurteil.* Wien: Europa Verlag.

Prof. Dr. Gisela Lück

hat an der Universität Köln Chemie und Philosophie studiert und 1982 mit dem Ersten Staatsexamen abgeschlossen. In Philosophie promovierte sie 1985 mit einer erkenntnisphilosophischen Arbeit über Nietzsche. In den folgenden Jahren war sie bei dem Chemie- und Waschmittelkonzern Henkel in Düsseldorf tätig und leitete dort die Abteilung Öffentlichkeitsarbeit. Von 1992 bis 1994 wurde sie zum Sekretariat der Enquête-Kommission „Schutz des Menschen und der Umwelt" des 12. Deutschen Bundestags entsandt. Es folgte von 1996–2000 eine Tätigkeit als wissenschaftliche Mitarbeiterin am Institut für Didaktik der Chemie, bei der Untersuchungen zur Naturwissenschaftsvermittlung im frühen Kindesalter Schwerpunkt war. 1999 erfolgte die Habilitation über diese Untersuchungen.

Im Wintersemester 2000 nahm Frau Lück eine C3-Professur an der Universität Essen am Institut für Chemiedidaktik an. Seit April 2002 hat sie den Lehrstuhl für Chemiedidaktik an der Universität Bielefeld übernommen.

Für ihre wissenschaftlichen Untersuchungen zur Naturwissenschaftsvermittlung im frühen Kindesalter erhielt sie 1999 den Friedrich Gmelin-Preis der GDCh. Im September 2006 erhielt sie den Literaturpreis des Fonds der Chemischen Industrie.

Ihr Forschungsschwerpunkt liegt auf dem Gebiet der frühen Heranführung von Kindergartenkindern an Themen der unbelebten Natur (Chemie und Physik). Mit ihren Untersuchungsergebnissen Mitte der 90er Jahre und zahlreichen Publikationen zu diesem Thema hat sie den Bildungsbereich unbelebte Natur in den Bildungsvereinbarungen für den Elementarbereich implementiert.

Daniela Braun

SPRACHE UND KREATIVES GESTALTEN

*„Daß wir miteinander reden können,
macht uns zu Menschen."*
Karl Jaspers (1883-1969), dt. Philosoph

1. Einführung

Obgleich die Kreativität und das kreative Gestalten in allen Bildungsempfehlungen der Länder als wichtiger Ansatz von Erziehungs- und Bildungsprozessen genannt ist, wird in der Praxis ihrer hohen Bedeutung nicht genug Aufmerksamkeit gewidmet oder sie wird reduziert auf „Basteln" und ist neben dem Erwerb von Sprachfähigkeiten, vormathematischem Wissen, naturwissenschaftlichen Kenntnissen und sozialen Kompetenzen oft nur als Beschäftigungselement für Kinder im Alltagsgeschehen von Kindertageseinrichtungen angesehen. Darüber hinaus wird nur selten ein Zusammenhang zwischen kreativem Gestalten und Sprachbildung hergestellt, obwohl doch gerade Kinderbilder und -werke Sprachanlässe bieten, welche den Dialog, die Sprechfreude und die Wortschatzerweiterung anregen und unterstützen. Außerdem bieten die Produkte kindlichen, kreativen Gestaltens eine Möglichkeit die Gedankenwelt der Kinder und ihre Vorstellungen von den Zusammenhängen der Phänomene der Welt kennen zu lernen und daran im Gespräch anzusetzen. Bildnerische Darstellungen hinterlassen Bilder im Kopf, die sich zu einem Mosaik des Verstehens zusammenfügen.

Kreatives bildnerisches Gestalten ist eine bislang unterschätzte Möglichkeit, die Sprachbildung von Kindern zu unterstützen. Außerdem werden Kinderbilder und -werke noch viel zu wenig als kommunikatives Element und als Grundlage symbolischer Interaktion verstanden, auf deren Basis sich verbale Ausdrucks- und Interaktionsformen erweitern können.

Daher wird in diesem Beitrag zunächst auf den Aspekt der Sprachbildung eingegangen, verbunden mit einer Positionierung, die sich von bestehenden systematischen Sprachförderungsprogrammen absetzt, um schließlich in einem weiteren Abschnitt die Bedeutung kreativen Gestaltens darzustellen. Daran fügt sich die Bedeutung des Erzählwertes von Kinderbildern an, um schließlich die darauf aufbauenden Möglichkeiten der Unterstützung kindlicher Sprachbildungsprozesse vorzustellen. Abschließend erfolgen eine Zusammenfassung und ein Ausblick für die Praxis.

2. Sprachbildung versus Sprachförderung

Es besteht kein Zweifel, dass die Beherrschung der Verkehrssprache unverzichtbare Voraussetzung einer erfolgreichen Bildungskarriere ist. Die sprachlichen Fähigkeiten entscheiden über den Schulerfolg. Besonders die Grundschule steckt in dem Dilemma, allen Kindern – auf den jeweiligen sprachlichen Fähigkeiten aufbauend – weitere Wissensinhalte nahe zu bringen. In der Konsequenz ist die Sprachförderung nach dem Grundsatz „... früh übt sich ...", auch unverzichtbarer Bestandteil der Bildungsbemühungen in Kindertageseinrichtungen geworden. Alle Bundesländer sehen die Sprachförderung in ihren Bildungsplänen für Kindertageseinrichtungen vor. Der gesetzliche Auftrag von Kindertageseinrichtungen ist Bildung, Erziehung und Betreuung (§ 22 SGB VIII, Kinder und Jugendhilfegesetz). Im Kontext dieses Auftrages müsste konsequent auch von Sprachbildung anstatt von Sprachförderung gesprochen werden, suggeriert der Begriff Sprachförderung doch ein bestehendes Defizit, das gewiss nicht bei allen Kindern existiert. Auch wenn in der Praxis zu beobachten ist, dass viele Kinder aus verschiedensten Gründen eine intensive Unterstützung ihrer sprachlichen Entwicklung brauchen, heißt das jedoch nicht, dass der Bildungsgedanke als Basis für die Aufgaben der Kindertageseinrichtungen verloren gehen darf. Wenn Sprachförderung die Unterstützung der sprachlichen Bildung und Entwicklung eines Kindes meint, dann ist dieser Begriff angemessen. Wenn der Begriff Sprachförderung aber eine diagnostische und therapeutische Dimension erhält, ist er zumindest hinsichtlich des gesetzlichen Auftrags von Kindertageseinrichtungen mit einem Fragezeichen zu versehen. Erzieher und Erzieherinnen sind zudem auf diese Aufgabenstellung von ihrer Ausbildung her nicht hinreichend vorbereitet. Dementsprechend existieren auch die verschiedensten Sprachtests und Sprachförderprogramme, die in den unterschiedlichen Ländern und bei den verschiedenen Trägern und Einrichtungen unterschiedliche Präferenzen haben. Vielen haftet etwas Rezepturhaftes an, das nicht der individuellen Vielfalt und Möglichkeit von Kindern entspricht. Sprachförderung ist ein dominantes Thema geworden und der Buchmarkt ist mit Publikationen überschwemmt, welche auf unterschiedliche Weise und mit unterschiedlichen Methoden die Behebung von „Sprachdefiziten" ermöglichen wollen.

Die dadurch beförderte Defizitperspektive steht im Kontrast zu dem aktuell von allen Bildungswissenschaftlern vertretenen Bild vom Kind als aktiv lernende Persönlichkeit, an dessen Stärken und Kompetenzen erfolgreiche Bildungs- und Lernbegleitung ansetzen sollte. Es darf nicht aus den Augen verloren gehen, dass Kinder besonders im Alter von der Geburt bis zur Einschulung im Kontext von Erleben und Handeln und ganzheitlich mit Körper, Seele, Geist und auf der Basis tragfähiger, positiv emotional geprägter Beziehungen lernen. Viele der in der Literatur vorgeschlagenen Methoden arbeiten aber mit anzuleitenden, sprachfördernden Spielformen und sind für spezielle Förderstunden vorgesehen. Dies steht im Widerspruch zum ganzheitlichen, eigenaktiven Lernen mit Kopf, Herz und Hand.

Aus diesem Grund wird in diesem Beitrag auf den Begriff Sprachbildung im Sinne einer ganzheitlichen Sprachentwicklung und deren Unterstützung Wert gelegt.

Mit dem Begriff Sprachbildung ist nämlich wie bei allen andren Bildungsprozessen auch, ein eigenaktiver Selbstbildungsprozess gemeint, der durch vielfältige und intensive Anregungen Impulse erhält, die im Kontext ganzheitlicher Erfahrungen stehen und dem Kind die Möglichkeit geben, im kommunikativen Handeln seine sprachlichen Kompetenzen zunehmend zu erweitern.

Der Deutsche Bundesverband für Logopädie hat in seinem Positionspapier von August 2008 Sprachstandserhebungen und Sprachförderprogramme im Kindergarten als entbehrlich bewertet, wenn die Sprachstandserhebungen und die darauf folgenden Fördermaßnahmen nicht aufeinander abgestimmt sind, was in der Regel aus finanziellen Gründen nicht erfolgt und aus fachlichen Gründen in Kindertageseinrichtungen in der Regel nicht erfolgen kann. Sprachauffällige und sprachentwicklungsverzögerte Kinder gehören demnach in die Obhut von ausgebildeten Therapeuten. Für Kindertageseinrichtungen bedeutet dies: „Sprachförderung im Kindergarten ist dann erfolgreich, wenn sie alltagsorientiert ist, d.h. sich die Erzieherinnen allen Kindern gegenüber sprachfördernd verhalten und Sprache als Schlüssel für Bildung nutzen. Programme, die punktuell eingesetzt den Kita-Alltag unterbrechen und Sprachförderung und Bildungsprozesse voneinander isolieren, können Bildungsbenachteiligung nicht ausgleichen und sind deshalb nicht zielführend. Sprachfördermaßnahmen können nur dann effektiv sein, wenn vorhandene Ressourcen mit Hilfe einer Schnittstellen übergreifenden Zusammenarbeit zwischen Bildungs- und Gesundheitswesen genutzt werden. Dies bedeutet, dass Erzieherinnen ihrem Bildungs- und Erziehungsauftrag entsprechend die kindliche (Sprach-) Entwicklung beobachten und fördern" (DBL, 2008, S. 3).

Auf der Basis dieses Positionspapiers ist im vorliegenden Beitrag von „Sprachbildung" die Rede, weil der Begriff jenes alltagsorientierte bildungsunterstützende Element der Entwicklung von Sprache verdeutlichen will, das ressourcenorientiert an den Stärken der Kinder und an einem kompetenzorientierten Bild vom Kind ansetzt.

2.1 Kommunikation und Sprachbildung als Schlüsselrolle der Bildung

Kommunikation ist als ein Austausch von Botschaften zu verstehen. Kinder verfügen von Geburt an über eine vielfältige Palette mimischer, gestischer, körpersprachlicher und paraverbaler (Töne und Geräusche) Ausdrucksformen. Durch Kommunikation wird der Kontakt zum „Du" hergestellt. Kommunikation ermöglicht sozialen Austausch, Orientierung und Bindung. Die verbale Kommunikation ergänzt die nonverbale Kommunikation. Sprache spielt besonders in der Welt der Erwachsenen eine große Rolle, obwohl die nonverbalen Botschaften die Sprache weiterhin begleiten und als Ausdruck von Gefühlen sowie als Zeichen der Beziehungsqualität und Interaktion bedeutsam bleiben. Deshalb gewinnt die Sprache für Kinder im sozialen Zusammenleben und für die Entwicklung weiterer Kompetenzen eine zunehmende Bedeutung.

Sprache ist ein Zeichensystem, das „Be-deutungen" in Wort und Schrift ermöglicht. Wenn Kinder eines komplexen und differenzierten Sprachgebrauchs noch nicht mächtig sind, legen sie ihre „Be-deutungen" in Bilder.

Sprache ist ein Vermittlungsinstrument, mit dem Informationen und Botschaften weitergeleitet und soziale Aushandlungsprozesse ermöglicht werden. In solchen Interaktionsprozessen reicht nonverbaler oder bildhafter Ausdruck nicht aus. Deshalb müssen Kinder sich zunehmend der Sprache bedienen, um ihre Bedürfnisse und sozialen Bedingungen aushandeln zu können.

Sprache ermöglicht Verständigungshandeln und persönlichen Ausdruck. Auch auf der Gefühlsebene ergänzt Sprache das Vermittlungsrepertoire von nonverbalen Ausdrucksformen im Dienst der besseren Verständigung.

Sprache ist auch ein Medium zur Gedankenbildung. Sie beeinflusst das Denken, denn die Art und Weise, wie wir sprechen ist geprägt durch die Art und Weise wie wir kommunizieren: eine Erkenntnis, die schon mit dem russischen Psychologen Vigotzki 1978 Eingang in die fachliche Diskussion fand (Vygotzky, 1978).

Diese Funktionen der Sprache ermöglichen einem Menschen, in der komplexen, sozialen Lebenswelt zu kommunizieren. Allerdings ist Sprache nicht das einzige Element dieser Kommunikation. Die nonverbalen Botschaften werden über Mimik, Gestik, Körpersprache und äußerem Selbstausdruck vermittelt, welche die Wortsprache begleiten und im sozialen Kontakt meistens eine viel höhere Bedeutung haben als die Worte selbst.

Kommunikation und Sprache haben im Kontext der Bildung von Kindern eine Schlüsselfunktion: „Einerseits bauen Kommunikation und Sprache auf Grundlagen auf, die in anderen Bildungsbereichen geschaffen werden müssen:
- Kommunikationsbereitschaft, körperlicher und gestischer Ausdruck setzen Spielfreude und körperliche Beweglichkeit voraus.
- Die sprachliche Artikulation verlangt die genaue Wahrnehmung der Klangelemente der Sprache und die feinmotorische Beherrschung der Sprechorgane.

Andererseits ist ohne eine ausreichende Ausbildung der kommunikativen und sprachlichen Verständigung die Entwicklung in anderen Bildungsbereichen stark beeinträchtigt" (Merkel, 2007, S. 1).

2.2 Spracherwerbstheorien als Grundlagenkenntnis zur Sprachbildungsunterstützung

Theorien zum Spracherwerb bieten Erklärungsansätze für die Sprachentwicklung eines Kindes und wie es ihm gelingt, anhand konkreter Sprachbeispiele der Umwelt abstrakte Spracheinheiten und eine komplexe Grammatik zu erwerben. Allerdings gibt es keine einheitliche Theorie, die diesen Ablauf umfassend und übergeordnet darstellt, sondern verschiedene Erklärungsansätze. Sich mit diesen verschiedenen Erklärungsansätzen bekannt zu machen, ist wichtig, um sie als Grundlage für sprachunterstützendes Handeln nutzen und gleichwertig einbeziehen zu können.

Folgende Theorien sind als Erklärungszugänge für den Spracherwerb von Kindern in Kindertageseinrichtungen von Bedeutung:
- Der behavioristische Ansatz (Skinner, Watson): Grob umrissen markiert dieser Ansatz das Lernen am Modell, das auch für die Sprachentwicklung gilt.
- Der nativistische Ansatz (Chomsky): Nach diesem Ansatz sind Kinder ab dem Zeitpunkt der Geburt für alle sprachlichen Phänomene zugänglich und verfügen über ein neurobiologisches Lernsystem, das aus der Vielzahl der sprachlichen Strukturen jene auswählt, die für die Sprachentwicklung von Bedeutung sind.
- Der kognitivistische Ansatz (Piaget, Hörmann): Nach diesem Ansatz wird Sprachentwicklung als Teil des allgemeinen Entwicklungsgeschehens verstanden, aber die kognitiven Erwerbungen müssen den sprachlichen vorausgehen.

- Dialektisch-materialistischer Ansatz (Vygotzky): Hiernach entsteht Spracherwerb durch die konkrete Auseinandersetzung mit der Umwelt.
- Interaktionistischer Ansatz (Bruner): Hierbei wird davon ausgegangen, das sprachliches Lernen in der Interaktion mit dem Umfeld erfolgt und nicht nur isolierte Wörter, sondern auch das Lernen von Rollenverhalten und sozialen Konventionen umfasst.

Verbindet man diese verschiedenen Erklärungszugänge miteinander, sind daraus Aspekte zu entnehmen, die für die Praxis in Kindertageseinrichtungen von Bedeutung sind: Alle Kinder sind auf den Spracherwerbsprozess von Geburt an vorbereitet. Der Spracherwerbsprozess braucht ein Modell und Anregungen aus der Umwelt in Interaktion mit anderen Menschen und der konkreten Auseinandersetzung mit den Dingen. Die inneren Bedingungen des Kindes und die äußeren Faktoren beeinflussen sich gegenseitig:

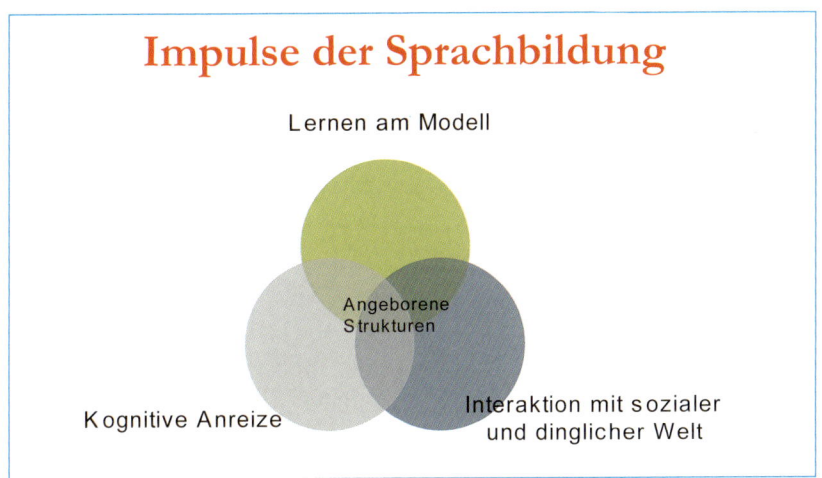

Das bedeutet, dass die Sprachbildung der Kinder einerseits auf der Basis angeborener Strukturen das vorbildliche Sprachmodell des Erwachsenen braucht. Andererseits brauchen die Kinder kognitive Anreize und konkrete, anregende Auseinandersetzungen mit der sozialen und dinglichen Welt.

Diese Erkenntnis ist wichtige Grundlage für die Beurteilung der Funktion des kreativen Gestaltens für die Sprachbildung von Kindern. Dazu bieten die Kinder selbst uns die besten Ansätze für die pädagogische Unterstützung an:

Die kindliche Neugier ist die Grundlage für das Erkunden der Welt. Mit allen Sinnen wird die Welt wahrgenommen, und es kommt zu Deutungen und Hypothesen über die Zusammenhänge der Phänomene. Kinder gehen experimentell mit den Dingen ihrer Lebenswelt um und erproben immer neue Mechanismen und Handlungen, um den Zusammenhängen auf die Spur zu kommen. Wenn ein Kind beispielsweise einen Bach als „Die kleine Tochter vom Fluss" bezeichnet, steht hinter dieser Äußerung oft eine Weltsicht, die einer eigenen logischen Systematik folgt. Beim künstlerischen Gestalten und jedem schöpferischen Umgang mit Materialien entstehen solch gedankliche Durchdringungen der Phänomene der Welt. Kinder entwickeln in Bildern und gestalteten Werken einen individuellen kreativen, d.h. einen neuen Ausdruck symbolischer Art, um die dingliche Welt und ihre Erkenntnisse darzustellen. Sie gestalten, was sie von der Welt wissen und denken und nicht, was sie sehen.

3. Kreativität und kreatives Gestalten

Im weitesten Sinne wird mit Kreativität jede schöpferische, gestaltende, erfinderische Aktivität und Handlung bezeichnet, die Neues hervorbringt. Dieses Neue kann sowohl auf den Gebieten der künstlerischen Kreativität, wissenschaftlichen und gesellschaftlichen Erfindungen und allgemeinen pragmatischen Lösungen des Alltags entstehen. Immer hat Kreativität etwas mit neuen Lösungen als Antworten auf Herausforderungen der unterschiedlichsten Lebenszusammenhänge zu tun. Dieses Neue kann objektiv für die Gesellschaft oder auch subjektiv für das Individuum neu sein. Basis ist die schöpferische Produktivität im Denken und Handeln.

Kreative Kompetenz entwickelt sich im erfolgreichen Durchlaufen kreativer Prozesse, die sowohl intuitiv, als auch organisiert ablaufen können. Kreative Prozesse beginnen grundsätzlich mit einer Aufgabe bzw. einer Problemstellung, die das Individuum lösen will. In der Vorbereitungsphase werden Materialien oder Ideen gesammelt, ohne sie gleich in „richtig" oder „falsch" zu kategorisieren. Auch das Ungewöhnliche wird einbezogen. Darauf folgt die Inkubationsphase, in der verschiedene Kombinationen von Möglichkeiten gedanklich oder in Handlungen erprobt werden. In dieser Phase ist der Mensch buchstäblich „infiziert" mit der Aufgabe. Gefolgt ist diese Phase von der Illuminationsphase bzw. dem Heureka-Effekt, bei dem es zur plötzlichen Erkenntnis kommt. Diese Erkenntnis taucht oft spontan und ungeplant in den verschiedensten Situationen auf, weil sich das Gehirn mit einem bestimmten Problem unterhalb der Bewusstseinsschwelle auch dann noch befasst, wenn wir gar nicht konkret daran denken oder meinen, die Lösung schon aufgegeben zu haben. Es folgt die Produktions- und die Verifikationsphase, in denen die Lösung zunächst umgesetzt und schließlich ihre Angemessenheit erprobt wird. Diese Phaseneinteilung ist ein theoretisches Konstrukt zum besseren Verständnis kreativer Prozesse. Ihr erfolgreicher Ablauf kann durch vorschnelle Bewertung und gedankliche Zensur, Autoritätsfurcht, Ergebnisorientiertheit, Konformitätsdruck, Rollenfixierung und Sanktionen von innen und außen gestört werden. Förderliche Bedingungen für kreative Prozesse liegen in der Offenheit, Neugier und Experimentierbereitschaft des Individuums und einem positiv unterstützenden, vorurteilsfreien Umfeld. Erfolgreiche kreative Prozesse fördern die Lust an Leistungen und am Lernen, stärken das positive Selbstkonzept und kreative Selbstbild sowie die Bereitschaft zur Problemlösung (Braun, 2008). Kreative Prozesse sind von motivationsfördernden Belohnungsgefühlen begleitet und steigern daher die Leistungsbereitschaft. Imagination und kreative Herausforderungen steigern die kognitiven Leistungen. Aufmerksamkeits- und Explorationsleistungen werden durch das Element des Neuen gesteigert, und positive kreative Selbsteinschätzung steigert die Copingfähigkeiten – das alles weist uns die Hirnforschung nach. Der Botenstoff Dopamin macht dies möglich und steigert durch eigenständig erzielte Erfolgserlebnisse Neugierde, Lernvermögen und Kreativität (Spitzer, 2000). Welche Erfolge könnten größer sein als die eigenständig entwickelten, kreativen Antworten auf Herausforderungen, Lösungen von Problemen, Erfindungen?

3.1 Kreativität und ihre Bezüge

Kreativität ist also als Fähigkeit innovativer Problemlösung zu sehen, die kognitive Leistungen und originelles Handeln so verbindet, dass neue Denk- und Handlungsansätze daraus entstehen. Demzufolge hat Kreativität nicht nur etwas mit künstlerischem Gestalten zu tun. Dies kann ein Element der Kreativität sein.

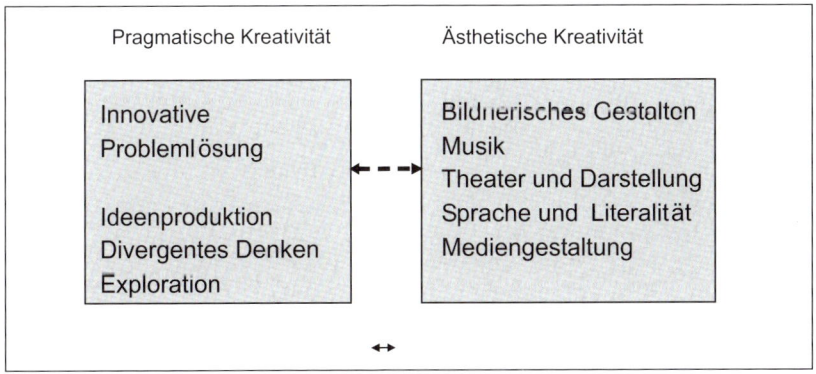

Wie aus der Grafik zu erkennen, hat Kreativität sowohl eine pragmatische Dimension, die sich vorrangig in Problemlösungssituationen auf Ideenproduktion, divergentes Denken und Exploration bezieht als auch eine ästhetische Dimension, die alle Formen des bildnerischen und gestalterischen Tuns berührt: „Über die Gestaltung werden die Wahrnehmungen verarbeitet und dem Bewusstsein näher gebracht. In diesem Bewusstsein entfalten Kinder großen Einfallsreichtum und Kreativität" (Merkel, 2005, S. 294).

Aus diesen Gründen ist ein wichtiger Ansatz der Kreativitätsförderung im bildnerischen Gestalten der Kinder gegeben, dessen erste Ansätze sich in Kinderbildern und -zeichnungen zeigen.

3.2 Kreatives Gestalten heißt, sich ein Bild zu machen

In dem Wort Bildung steckt der Begriff „Bild", der von dem mittelhochdeutschen Wort „bilde" abzuleiten ist mit der Bedeutung „Bild, Werk, Gestalt, Art, Vorbild". „Bilden" bedeutete im Mittelhochdeutschen „gestalten, formen, darstellen, nachbilden" und „bildunge" – unser heutiges Wort für Bildung – bedeutete „Bildnis, Gestalt, sinnliche Vorstellung und Vorstellungskraft" (Köbler, 1995). Wenn also Kinder malen und gestalten, kreieren sie Bilder von der Welt, und in diesem Kreationsprozess liegt Bildung. Malen und Gestalten ist bei fast jedem Menschen und schon gar bei kleinen mit einem Gefühl der Freude verbunden. Freude erhöht das positive Lebensgefühl. Es gibt kein Kind, das nicht früher oder später beginnt, Zeichnungen und Bildwerke anzufangen. Der Beginn dieser Aktivitäten ist weder von den zur Verfügung stehenden Mitteln wie Papier und Stift abhängig, noch von einer pädagogischen Anleitung. Kinder haben zu allen Zeiten Gestaltungsaktivitäten entwickelt, ob nun mit Stöcken im Sand oder mit Kreidesteinen an Wänden. Die Entwicklung kindlichen Zeichnens wird aus entwicklungspsychologischer Sicht in Stufen, Phasen und Sequenzen in Bezug auf Alter und soziokulturelle Einflüsse unterschieden. Es gibt Erklärungsansätze, die sich aus psychologisch-psychoanalytischer Sichtweise den Inhalten und dem symbolischen System der Kinderzeichnungen zuwenden. Und es gibt Ansätze, die eine Bewertung und Systematisierung der Ausdrucksphänomene der Kinderzeichnungen vornehmen. Bei allen Ansätzen sind inhaltliche Überschneidungen zu finden (vgl. Richter, 1984, S. 58 ff).

Die verschiedenen Phasen der Entwicklung kindlicher Bildwerke sind wissenschaftlich detailliert untersucht und definiert. In diesem Beitrag sollen sie nur grob in vier Aspekte unterteilt werden, weil es darum geht, sich zu verdeutlichen, welche Sprachanlässe sich aus diesem natürlichen, gestalterischen Tun der Kinder ergeben, die konkret zur Sprachförderung genutzt werden können.

1. Von der Bewegung zur Spur
Die ersten Kinderbilder entstehen aus einer Gebärde mit der Hand, die einen Stift hält und eine Spur hinterlässt. Kinder haben ausgesprochene Lust daran, solche Spuren auf Papier zu hinterlassen. Da aber die Bewegung der Hand noch sehr grob ist und die Bewegung der Hand noch den ganzen Arm einbezieht, außerdem die Geschwindigkeit der Bewegung noch nicht perfekt kontrolliert werden kann, entstehen die typischen Schwung-, Diagonal oder Hiebkritzel. Fast jedes Bild wird dem Erwachsenen freudig gezeigt und der Erwachsene reagiert darauf mit Ansprache und Worten, die sich auf das Kind beziehen. Die Motivation des Kindes, weiter zu malen, speist sich aus dieser Kommunikation mit dem Erwachsenen. Das Kind bemerkt, dass es etwas anfertigen kann, auf das die soziale Umwelt deutlich reagiert.

2. Von der Spur zur Bedeutung

Die entstehenden „Kritzelbilder" werden von dem Kind irgendwie erklärt, weil die Erwachsenen nachfragen, was das Bild denn darstellen soll. So kommt es, dass sie dasselbe Bild heute als Stein bezeichnen und morgen vielleicht als Katze. Da sie noch keine Gestaltungsabsicht haben, geben sie den Bildern im Nachhinein durch die Kommunikation mit den Erwachsenen Bedeutungen. Sie haben nämlich erkannt, dass Erwachsene wissen wollen, was ein Bild darstellt. Aus diesen Benennungsbemühungen ensteht die Bedeutungsbildung, und Kinder versuchen etwas Bestimmtes mit Absicht darzustellen und geben dieser Abbildung eine Bedeutung. So entstehen Bilder – wie das folgende Bild –, die von Anfang an einen bestimmten, unveränderlichen Titel wie z.B. „Blume" haben.

3. Von der Bedeutung zum Symbol

Indem sich die Gebärde verfeinert, verfeinern sich auch die Darstellungsmöglichkeiten. Die typischen „Kopffüßler" entstehen. Auch werden die sogenannten „Röntgenbilder" angefertigt, bei denen man durch Hauswände hindurch den Tisch in der Küche sieht. Dabei malen Kinder was sie wissen und nicht unbedingt was sie sehen. Autos haben vier Räder, Tiere vier Beine und zwei Augen, Dinge drücken Gemütszustände aus und die Sonne „lacht". Das folgende Bild zeigt glückliche Fische im Aquarium, denn sie lachen und schwimmen zwischen Pflanzen, die einfach als kreuzartige Striche dargestellt sind. Es entsteht ein symbolischer Ausdruck.

4. Vom Symbol zur komplexen Wirklichkeit

Schließlich entwickeln Kinder einen immer individuelleren Ausdruck, um die komplexe Wirklichkeit, wie sie sie verstehen darzustellen. Es bleibt nicht bei zweidimensionalen Gestaltungen, sondern auch dreidimensionale Möglichkeiten werden ausgeschöpft. Auf diese Weise ist die folgende Verstärkerbox entstanden.

Durch die Expressivität ihrer Werke kommen sie in intensiven kommunikativen Kontakt mit ihrer Umwelt und verbinden die innere Welt der Phantasie mit der äußeren Wirklichkeit. Das Kommunikationsbedürfnis eines jeden Kindes über seine Werke ist groß. Daher sind Kinderwerke, entstanden in Prozessen kreativen Gestaltens, ein wichtiger Ansatz der Sprachbildung. Hierbei geht es aber nicht um die Aufspürung sprachlicher Defizite, sondern um die Unterstützung darin, der eigenen Vorstellungswelt nicht nur den bildnerischen, sondern auch einen sprachlichen Ausdruck zu verleihen. Dazu braucht ein Kind Menschen, die neugierig, offen und interessiert an den Bildgeschichten und Werken der Kinder sind.

Durch die Prozesse des bildnerischen Gestaltens wird nicht nur die Sprachfreude angeregt und der Wortschatz erweitert, sondern es wird Sprachbildung im wörtlichen Sinne ermöglicht, denn über das bildnerische Gestalten lernen Kinder, sich von der Welt ein Bild zu machen und dieses verbal und nonverbal zum Ausdruck zu bringen. Alle Kinder beginnen zu zeichnen, zu malen, zu kleben und zu gestalten. Dadurch bieten sie aus sich heraus einen Ansatzpunkt, um mit ihnen schon im Prozess der Gestaltung z.B. über das Material und dann über ihre fertigen Werke in sprachlichen Kontakt zu kommen. Auch Kinder, die sonst verbal zurückhaltend sind und in ihrer Sprachentwicklung nicht gut voran kommen, begleiten ihre Gestaltungsprozesse mit Worten und möchten über die Bedeutungen ihrer kreativen Produkte sprechen.

Das Lernen und Erkennen von Bildern und Gegenständen ist kein bewusster und zeitraubender Vorgang wie das Lernen und Abrufen von Wörtern und Formeln, sondern es erfolgt sehr schnell und automatisch, Voraussetzung ist aber, dass das Gehirn gelernt hat, Bilder entschlüsseln zu können. Auch Schriftsprache hat eine Bildbedeutung, denn sie setzt sich aus Zeichen zusammen. Der Mensch ist in der Lage solche Zeichen sinnvoll entschlüsseln zu können – vorausgesetzt er hat ihre Bedeutung erlernt –, auch wenn sie in der falschen Reihenfolge auftreten, was folgendes Beispiel zeigt:

> **Gmäeß eneir Sutide eneir elgnihcesn Uvinisterät, ist es nchit witihcg in wlecehr Rneflogheie die Bstachuebn in eneim Wrot snid, das ezniige was wcthiig ist, ist daß der estre und der leztte Bstabchue an der ritihcegn Pstoiion snid. Der Rset knan ein ttoaelr Bsinöldn sien, tedztorm knan man ihn onhe Pemoblre lseen. Das ist so, wiel wir ncihit jeedn Bstachuebn enzelin leesn, snderon das Wrot als gseatems. Ehct ksras! Das ghet wicklirh! (Quelle unbekannt)**

Diese Sätze sind lesbar, weil sie aus Zeichen zusammengesetzt sind, deren Bedeutung grundsätzlich bekannt ist. Mit chinesischen Zeichen würde dies nicht gelingen, wenn deren grundsätzliche Bedeutung unbekannt wäre.

Es wird deutlich, wie wichtig das Entdecken, Entwickeln von Bildsprache und das Experimentieren mit bildnerischen Ausdrucksformen ist. Kinder entwickeln dabei eine kommunikative Kompetenz, die Grundlage und Ausgangspunkt von Sprachbildung sein kann.

4. Sprachbildung und kreatives Gestalten

Kinderbilder und Kinderwerke haben einen narrativen Wert, denn Kinder erzählen mit ihren Bildern Geschichten, die aus der Bildsprache in verbale Sprache übertragen werden können, wenn sie Ansprechpartner haben, die an diesen Geschichten interessiert sind und die Kinder nach ihnen fragen.

Folgendes Bild hat den Titel: „Das Kaugummi ist jetzt in den Fingern". Dazu erklärt Sven: Wenn ich etwas esse, dann geht das in den Magen und meine Mutter hat gesagt, da ist Blut drin. Das Essen geht dann ins Blut. Und gestern habe ich ein Kaugummi verschluckt. Das ist jetzt in den Fingern.

Aus diesen Worten ist erkennbar, wie gut Sven auf seiner kindlichen Erkenntnisebene den komplizierten Verdauungsvorgang verstanden hat und welches Bild er sich von diesem für ihn sehr abstrakten Vorgang gemacht hat. Sein Weltverständnis kommt symbolisch in dem Bild zum Ausdruck und wird mit sprachlichen Erklärungen ergänzt. Allerdings wäre unter Umständen die sprachliche Ergänzung nicht erfolgt, wenn Sven nicht nach der Bedeutung des Bildes und der Geschichte, die dahinter verborgen ist, gefragt worden wäre.

Wie bei allen Ansätzen der Unterstützung von Sprachentwicklung bei Kindern, braucht auch hier das Kind den Erwachsenen oder andere Kinder, die es im Dialog auffordern, symbolischen, bildhaften Ausdruck mit sprachlichem Ausdruck zu ergänzen.

4.1 Kinderwerke als Sprachunterstützungsmedien

Kreative Werke von Kindern, ob es nun Bilder oder dreidimensionale Gestaltungen sind, bieten wichtige Anlässe zur ganzheitlichen Unterstützung der Sprachentwicklung von Kindern.

Da jedes Kind mit Freude malt und gestaltet, ist der Dialog mit dem Erwachsenen, wenn er an diesen Prozessen ansetzt, auch mit dem Gefühl der Freude verbunden. Dieser Effekt kann gezielt genutzt werden, um die *Sprechfreude* des Kindes zu unterstützen, die es dringend braucht, um ohne Hemmungen Wörter nachzuahmen, zu entdecken und zu nutzen.

Die ersten einfachen Kritzelbilder unterstützen auch die *Sprachanbahnung*, indem Kindern Worte zur Benennung und Bezeichnung angeboten werden und sie diese Worte mit den Bildern verknüpfen können. Kinder entdecken dabei auch, dass die Worte der Erwachsenen Bedeutungsgebungen für bestimmte Dinge sind. Damit wird der symbolische Wert der Sprache erfahren.

Der narrative Wert der Kinderbilder ermöglicht darüber hinaus eine *Wortschatzerweiterung*. Kinder brauchen Menschen, die ihnen neue Worte bieten, welche über den alltagsüblichen Wortschatz hinausgehen. Viele der Kinderbilder bieten Anlass, im Gespräch mit dem Kind komplexe Begriffe neu einzuführen, vorausgesetzt der Erwachsene reduziert seine Sprache nicht auf stereotype einfache Sätze wie: „Das hast Du schön gemalt".

Für die Erfassung von Worten ist es dem kindlichen Gehirn gleichgültig ob gesagt wird: „Das war *etwas* schwierig", oder „Das war *relativ* schwierig", oder „Das war *össeösse*". Wenn Kinder in der Lage sind, auch fremdsprachige oder sogar Phantasieworte aus dem Umfeld und im Handlungskontext aufgreifen und erlernen zu können, dann sind sie auch in der Lage, Wörter eines gehobenen Sprachniveaus aufzugreifen und anzuwenden. Ich habe tatsächlich ein vierjähriges Mädchen kennen gelernt, das mir zu einem Bild mitteilte, dass es „schwirig" zu malen gewesen wäre.

Die Frage ist allerdings, ob den Kindern genügend verschiedene und neue Worte angeboten werden. Das Sprachniveau der Erzieherinnen passt sich oft nämlich automatisch dem vermuteten Sprachniveau der Kinder an. Wenn dies niedrig ist, dann nutzen Erzieherinnen oft auch einfache Sätze und ein niedriges Sprachniveau. Bedenkt man aber, dass Babys zunächst kaum Worte verstehen, die Erwachsenen aber dennoch in ganzen Sätzen mit ihnen sprechen, so darf das Sprachniveau der Erwachsenen auch im späteren Alter und sogar bei fremdsprachigen Kindern nicht sinken, denn der Wortschatz der Kinder erweitert sich nur mit den erweiterten Anregungen. Im Alltag von Kindertageseinrichtungen gibt es viele Begriffe, die immer wiederkehren und kaum abgewechselt werden; dazu gehören z.B. Begriffe wie „aufräumen" oder „bauen". Aber auch den Begriff „aufräumen" kann man durch „Ordnung schaffen" erweitern und für „bauen" kann man durchaus den Begriff „konstruieren" zusätzlich einführen.

Alle Aktivitäten, die Kindern Freude machen, können auch zur Entwicklung der Sprachfreude dienen und sollten auf dieser Basis genutzt werden, um verschiedene, immer wieder neue Begriffe einzuführen. Kinderbilder, die aus der Phantasie und der Weltsicht der Kinder entstehen, sind oft so komplex, dass sie auch die fantastische Chance für die Einführung vielfältiger, komplexer und differenzierter Begriffe bieten. Schon beim Prozess der kreativen Gestaltung lassen sich solche Gelegenheiten nutzen. So ist es möglich mit einem Kind über die Wahl der Art des Pinsels zu sprechen. Dabei gibt es, anstatt nur den Sammelbegriff „Pinsel" zu benutzen, die Möglichkeit, von „Borstenpinseln", „Flachpinseln" oder „Haarpinseln" in dünner oder dicker Stärke zu sprechen. Das Problem liegt in diesem Zusammenhang nicht bei den Kindern, sondern bei den Erwachsenen, die selbst in vereinfachter Umgangssprache reden und keine differenzierten und spezialisierten Wörter in Gegenwart der Kinder wählen.

Alle kreativen Werke von Kindern und die Begleitung der kreativen Prozesse können wirksamer Ansatz der Sprachentwicklungsunterstützung oder – im aktuellen Sprachgebrauch – auch der Sprachförderung werden. Worüber mit einem Kind anlässlich eines Bildes gesprochen werden kann und welche Fragen ihm gestellt werden können, zeigt folgendes Beispiel:

Ein Mädchen im Alter von fünf Jahren hat ein Bild über eine Katzenfamilie gemalt. Auf Nachfragen wird deutlich, dass die „Papa-Katze" dunkel gemalt wurde, weil sie sauer ist, denn das „Katzenkind" ist weit weggelaufen, aber die „Mama-Katze" lacht nur, weil sie das Katzenkind schon sieht und keine Angst mehr hat, dass es weg ist.

Im Dialog über dieses Bild könnte die Erzieherin den Begriff Kater für „Papa-Katze" verwenden, für die weibliche Katze eben Katze und für das „Katzenkind" Katzenjunges. Darüber hinaus kann über die Maltechnik ge-

sprochen werden und davon, dass wasservermalbare Wachsmaler benutzt werden und den pastellfarbenen Effekt an manchen Stellen ausmachen. Außerdem kann über die verschiedenen Rottöne von Rosa über Karminrot bis zu Violett und Flaschengrün gesprochen werden. Besonders die differenzierte Bezeichnung Flaschengrün setzt Assoziationen bei Kindern frei, die garantieren, dass ein Begriff besonders gut behalten wird.

Voraussetzungen für den Ansatz der Sprachbildungsbegleitung liegen allerdings in
- der sprachlich gehobenen Begleitung der kreativen Prozesse und Ergebnisse durch die Erzieherinnen oder Erwachsenen,
- einer Frage- statt Antwortintervention, denn in den Fragen liegen die Aufforderungen zum Dialog und sprachlichen Ausdruck,
- dem stetigen Angebot immer neuer Begriffe,
- der aktiven sprachlichen Begleitung der Kinder in ihren kreativen und bildnerischen Prozessen.

Auf diese Weise werden im intensiven Dialog mit dem Kind auch grammatikalische Regeln eingeübt:

„Das heißt: Kinder konstruieren aus dem gehörten Sprachmaterial im Vergleich mit den begleitenden Handlungen jeweils ihre eigenen Sprachregeln, die dann wieder mit der Reaktion der Gesprächspartner abgeglichen und verändert werden. Auf diese „kreative" und selbsttätige Weise erschließen sie sich nach und nach die regelgerechte Beherrschung ihrer Muttersprache (oder auch einer zweiten oder gar dritten Sprache). Diese Anpassung an regelgerechtes Sprechen zieht sich für die meisten Kinder vom ersten Spracherwerb im zweiten Lebensjahr über mehrere Jahre bis zum Schulanfang hin" (Merkel, 2007, S. 4).

5. Zusammenfassung und Ausblick

Die Unterstützung der sprachlichen Bildung von Kindern ist dringende Bildungsaufgabe in Kindertageseinrichtungen. In der aktuellen Fachdiskussion stehen allerdings die Defizite der Kinder im Spracherwerb im Vordergrund und deren Symptome, die Stärkenansätze, gehen aus dem Blick verloren und sind kaum systematischer Anlass für die Sprachentwicklungsunterstützung. Damit kommt es aber zu einer pädagogisch fachlichen Schieflage. Viele Sprachdefizite entstehen im sozialen Kontext der mangelnden Sprechanregungen und Unterstützung der Sprachfreude sowie eines eingeschränkten Wortschatzes. Sicherlich brauchen Kinder mit Sprachentwicklungsstörungen spezielle therapeutische Hilfe. Aber all jene Kinder, deren Sprachentwicklung nicht von diagnostizierbaren Störungen gekennzeichnet ist, aber dennoch Unterstützung brauchen, benötigen pädagogische Anregungen, die ihre Art des Lernens in ganzheitlichen und kontextbezogenen Situationen und Bezügen berücksichtigen.

Kinderbilder und Kinderwerke bieten vielfältige Sprachanlässe, ermöglichen Sprechfreude und geben die Chance, im Dialog neue Wörter, Begriffe und komplexere Sätze einzuführen. Auf der Basis der bestehenden Spracherwerbstheorien können die Ansätze des Lernens am Modell mit der Anregung zum Nachdenken und der Erkenntnisgewinnung durch das Malen und Gestalten verbunden werden. Außerdem wird implizites Lernen durch die Auseinandersetzung mit der Lebenswelt auf der Basis stabiler Beziehungen mit den Erwachsenen gefördert. Sprache stellt Beziehungen her und verfestigt sie. Kinder brauchen starke, verlässliche Beziehungen zu Erwachsenen, um sich auch im sprachlichen Ausdruck entwickeln zu können. Der bildnerische Ausdruck ermöglicht es Kindern, sich ein Bild von der Welt und ihrer komplexen Wirklichkeit zu machen und darüber in stets komplexer werdenden Wortkombinationen auch zu einem differenzierteren sprachlichen Ausdruck zu kommen.

Dies ist sicherlich auch in anderen Bildungsbereichen, wie z.B. dem vormathematischen und naturwissenschaftlichen Bereich, sowie im sozialen Zusammenleben in der Gruppe möglich, aber das kreative und bildnerische Gestalten ist ein Ansatz, der von den Kindern kommt, ihre Phantasie umfasst, ihren Körper, ihre Seele und ihren Geist einbezieht und damit eine kindgemäße phantastische Möglichkeit bietet, die Sprachbildung von Kindern besonders in Kindertageseinrichtungen hervorragend zu unterstützen.

In der gegenwärtigen Diskussion um Sprachförderung werden linguistische, therapeutische und bildende Aspekte oft viel zu sehr miteinander vermischt und es wird nach effektiven Sprachförderprogrammen mit viel Zeitaufwand gesucht, die Kinder häufig aus dem Gruppengeschehen herausholen und in Kleingruppenarbeit fördern sollen. Der Ansatz der Sprachbildung durch kreatives Gestalten versteht sich nicht als Konkurrenzansatz zu bestehenden Sprachförderprogrammen, von denen jene sich in der Unterzahl befindlichen Kinder möglicherweise profitieren, die einer speziellen Hilfe bedürfen. Dieser Ansatz der Förderung der kindlichen Sprachentwicklung durch kreatives Gestalten soll den Blick dafür öffnen, welch wunderbar geeignete Möglichkeiten der Sprachentwicklungsförderung sich durch die Bilder und Werke der Kinder im Alltag von Kindertageseinrichtungen ergeben, was oft nicht genügend beachtet wird. Es handelt sich um einen Schatz der kommunikativen Möglichkeiten. Dieser Schatz muss gehoben werden.

„Kunst ist eine Sprache: Werkzeug zur Erkenntnis und zur Verständigung."
Jean Dubuffet (1901-1985)

Literatur

Braun, D. (2007). *Handbuch der Kreativitätsförderung*. Kunst und Gestalten in der Arbeit mit Kindern. Freiburg: Herder Verlag.

Braun, D. (2008). *Von Piccolo bis Picasso- künstlerisch ästhetisches Gestalten als Bildungsansatz. Projektdokumentation*. Download: http://www.fh-koblenz.de/News_Aktuell.1851.0.html [24.01.2009].

Braun, D. (2008). Kreativität – ein anspruchsvoller Begriff. *4bis8, Fachzeitschrift für Kindergarten und Unterstufe. Nr. 6/2008*, Verband Kindergärtnerinnen Schweiz KgCH (Hrsg.). Goldach.

Deutscher Bundesverband für Logopädie (Hrsg) (2008). *Sprachstandserhebung Sprachförderung*. dbl – Positionspapier (August 2008). Download: http://www.dbl-ev.de/fileadmin/media/1_eltern_patienten_etc/fuer_eltern/pospapier_sprachstandserh.pdf [10.12.2008].

Grimm, H.; Weinert, S. (2002). Sprachentwicklung. In: Oerter, R.; Montada, L. (Hrsg.): *Entwicklungspsychologie* (517-550). 5. Aufl. Basel, Berlin: Weinheim.

Köbler, G. (1995): *Deutsches Etymologisches Wörterbuch*. Frankfurt.

Merkel, J. (2005). *Gebildete Kindheit.* Wie die Selbstbildung von Kindern gefördert wird. Bremen.

Merkel, J. (2007). *Bildungsbereich Sprache.* Download:.http://www.kindergartenpaedagogik.de/1628.html [12.12.2008].

Richter, H.-G. (1984). *Pädagogische Kunsttherapie.* Düsseldorf.

Spitzer, M. (2000). *Geist im Netz – Modelle für Lernen, Denken und Handeln.* Heidelberg und Berlin: Spektrum.

Vygotzky, L.S. (1978). *Mind in Society: The Development of Higher Psychological Processes.* Cambridge: Harvard University Press.

Prof. Dr. Daniela Braun

ist seit 1993 Professorin im Fachbereich Sozialwesen an der FH Koblenz. Ihre Lehrtätigkeit im Bereich Medien, Ästhetik und Kommunikation für die Studiengänge „Soziale Arbeit" (BA), „BASA-online" (BA) wird durch den Schwerpunkt der Pädagogik der frühen Kindheit im Studiengang „Bildungs- und Sozialmanagement mit Schwerpunkt frühe Kindheit" (B.A.) ergänzt. Sie war an der Entwicklung dieses Studiengangs für Leiterinnen von Kindertageseinrichtungen 2005 maßgeblich beteiligt. Sie hat mehrere Jahre Erfahrung in der Fachberatung von Kindertageseinrichtungen und im Bildungs- und Sozialmanagement als Betriebsleitung der Arbeiterwohlfahrt in Nordrhein-Westfalen. Im Jahr 2005 Lehrpreisträgerin des Landes Rheinland-Pfalz. Von 2005–2008 war sie stellvertretende Leiterin des Instituts für Bildungs- und Sozialmanagement der FH Koblenz.

Anne Zehnbauer und Karin Jampert

Sprachförderung in allen Bildungsbereichen

Das Projekt „Sprachliche Förderung in der Kita"

1. Wie viel Sprache steckt in Musik, Bewegung, Naturwissenschaft und Medienarbeit?

„Die sind immer rosa, die Regenwürmer" beobachtet die sechsjährige Hannah und ein paar Minuten später weiß sie zu berichten: „Hier ist das dicker und da ist das dünner und wenn der Regenwurm sich lang macht, dann wird der Kopf dünner, das ist nämlich wegen der Falten." Aber Ohren, so vermutet sie, „Ohren hat er bestimmt nicht."

Beim naturwissenschaftlichen Experimentieren beobachtet Hannah „ihren" Regenwurm, beschreibt seinen Körperbau, stellt Vergleiche an und äußert Vermutungen. Dieses Beispiel zeigt: Kinder eignen sich Sprache nicht im luftleeren Raum an. Auch brauchen sie dafür keine Grammatikbücher und Vokabelhefte. Kinder erwerben Sprache „im Leben": in Kommunikation, Interaktion und in Situationen, die für sie echte Handlungsrelevanz besitzen. Sie singen, toben, malen und spielen. Sie handeln Regeln aus, erforschen ihre Umgebung und entdecken in Geschichten Vertrautes aus ihrem Alltag. Mit anderen Worten: Sprache findet für Kinder überall statt. Indem sich Sprachförderung mit anderen Bildungsbereichen verknüpft, entstehen sprachliche Situationen, in denen Kinder angeregt werden, das Werkzeug Sprache lustvoll und kreativ zu nutzen – für ihre Kommunikation, für ihr Denken, für ihr Handeln insgesamt.

Sprachliche Förderung und Begleitung der Kinder als Querschnittsaufgabe im Elementarbereich herauszuarbeiten und dabei die spezifischen Möglichkeiten der Bildungsinstitution Kindergarten zu nutzen stand im Mittelpunkt des Bund-Länder-Projekts „Sprachliche Förderung in der Kita" (2006–2008). In Zusammenarbeit mit pädagogischen Fachkräften und Experten aus den Bildungsbereichen ist ein Basiskonzept für die Sprachförderung in Kindertagesstätten entstanden, das die kontinuierliche Begleitung und Unterstützung von Kindern zwischen drei und sechs Jahren in ihrem Spracherwerb mit Angeboten aus dem elementarpädagogischen Bildungskanon verbindet.

Im Projektverlauf wurden exemplarisch Verknüpfungsansätze mit den Bereichen Musik, Bewegung, Naturwissenschaften und aktiver Medienarbeit erschlossen. Dabei sind sowohl sprachstrukturelle Aspekte auf differenzierte Weise berücksichtigt (Phonetik/Phonologie, Lexikon/Semantik, Morphologie/Syntax) als auch kognitive und sozial-kommunikative Entwicklungsprozesse, die sich in Verbindung mit der sprachlichen Entwicklung verändern und entfalten.

Wird die sprachliche Förderung mit dem Bildungsalltag verknüpft, entstehen sprachliche Situationen, die an den Themen und Interessen der Kinder ansetzen. Ein reichhaltiges pädagogisches Angebot kann so gleichzeitig zum Anker werden, um Kinder beim Ausbau ihrer sprachlichen Fähigkeiten zu begleiten und zu unterstützen. Kinder erleben die Relevanz von Sprache für ihr Handeln und sie werden angeregt, das ‚Werkzeug Sprache' lustvoll und kreativ zu nutzen – für ihre Kommunikation, für ihr Denken, für ihr Handeln insgesamt.

Der folgende Beitrag skizziert die Ergebnisse und Erfahrungen aus der Arbeit mit dem Konzept „Sprachliche Förderung in der Kita", das die Autorinnen in einem interdisziplinären Team am Deutschen Jugendinstitut (DJI) entwickelt und erprobt haben. Das daraus entstandene Praxismaterial ist ab Anfang 2009 im Buchhandel erhältlich.

2. Sprachliche Förderung im Kita-Alltag

2.1 Leitprinzipien des Projekts

Das im DJI entwickelte Konzept „Sprachliche Förderung in der Kita" spricht alle Kinder im Alter von drei bis sechs Jahren an. Sie werden vom ersten bis zum letzten Kindergartentag entsprechend ihrer fortschreitenden sprachlichen und kognitiven Fähigkeiten systematisch gefördert. Die speziellen Bedarfe mehrsprachiger Kinder werden dabei in besonderer Weise berücksichtigt.

Welche Anknüpfungspunkte finden sich für die Sprachförderung in den Bildungsbereichen Bewegung, Musik, Naturwissenschaften und Medien? Und wie viel Sprachfördermöglichkeiten stecken in den unterschiedlichsten Aktivitäten der Kinder, wenn sie z.B. ihre eigenen Lieder singen, ihre körperlichen Fähigkeiten in der Bewegungsbaustelle ausprobieren, ihre Theorien über den Regenwurm überprüfen oder eine Fotogeschichte erarbeiten und vertonen? – Entlang dieser Fragen hat das Projekt gemeinsam mit pädagogischen Fachkräften und Experten aus den Bildungsbereichen ein praxisnahes Basiskonzept für die sprachliche Förderung für Kinder von drei bis sechs Jahren entwickelt und erprobt, das die sprachliche Förderung der Kinder in die Bildungsarbeit des Elementarbereichs integriert.

Erzieherinnen und Fachberaterinnen aus elf Einrichtungen in sechs Bundesländern sind mit der Projektgruppe auf Entdeckungsreise ins Reich der Kindersprache gegangen. Beteiligt waren Einrichtungen sowohl im Osten als auch im Westen mit ganz unterschiedlichen Einzugsgebieten und sozialer Zusammensetzung.

Das Sprachförderkonzept des Projekts entfaltet als Grundidee eine kontinuierliche Begleitung und Unterstützung der Kinder in ihrem Spracherwerb, die auf gezielter Beobachtung der kindlichen Sprache beruhen und systematisch Anregungen zum aktiven Verwenden von Sprache in all ihren Facetten anbietet. Grundlage dafür sind wissenschaftliche Erkenntnisse und Beobachtungen zu den sprachlichen Handlungsmöglichkeiten von Kindern zwischen drei und sechs Jahren sowie eine intensive Auseinandersetzung mit den spezifischen sprachlichen Potentialen in den Bildungsbereichen.

Die Beobachtung, dass kindliche Aktivitäten in allen Bildungsbereichen eng mit Sprache und sprachlicher Bildung verknüpft sind, führt zu den zentralen Leitprinzipien des Konzepts:
- Kinder lernen Sprache in Situationen, die für sie handlungsrelevant sind.
- Sprachliche Bildung orientiert sich an den sprachlichen Handlungsmöglichkeiten und Äußerungsformen der Kinder – und damit an ihren sprachlichen Kompetenzen.

Zunächst geht es also um die Kernfrage, wie sprachliche Förderung an den Kompetenzen und Themen der Kinder anknüpfen kann. Dabei ist erstens von zentralem Interesse wie die Kinder selbst ihre Sprache entfalten, auf welchen verschiedenen sprachlichen Ebenen diese Entwicklung stattfindet. Ein differenziertes Wissen hierzu ist für pädagogische Fachkräfte unabdingbar. Daran anknüpfend soll erläutert werden wie Sprachförderung in handlungsrelevante Situationen eingebettet werden kann. An den vier ausgewählten Bildungsbereichen werden die spezifischen sprachlichen Schnittstellen und Förderpotentiale aufgezeigt, die sich im Laufe der Projektarbeit herausgeschält haben.

Vor diesem Hintergrund wurden für die Entwicklung eines Sprachförderkonzepts im Rahmen des Projekts zwei Zugänge gewählt, die im Folgenden näher ausgeführt werden:
- der Zugang über die sprachlichen Kompetenzen und Entwicklungsschritte der Kinder in der Kindergartenzeit auf den verschiedenen sprachlichen Ebenen,
- der Zugang über die sprachlichen Potentiale der Bildungsbereiche.

2.2 Kindersprache entdecken: der weite Blick auf Sprache

Die Wahrnehmung der kindlichen Sprachkompetenzen setzt einen erweiterten Blick auf Sprache voraus: Im Projekt wurde die Bandbreite sprachlicher Aneignungsprozesse im Alter von drei bis sechs Jahren in vielen einzelnen Mosaiksteinchen von Kindersprache gemeinsam mit den Fachkräften erforscht. Diese Vorgehensweise umfasst sowohl die *sprachstrukturellen Bereiche*, also Laute und Prosodie, Wörter und Wortbedeutung und Grammatik mit den Schwerpunkten Morphologie und Syntax, als auch die *funktionellen Sprachbereiche*, nämlich die sozial-kommunikative Entwicklung sowie die Verbindung von Sprache mit dem Bereich der Kognition.

Ausgehend vom sprachlichen Handeln der Kinder wird im Folgenden an ausgewählten Sprachbereichen kurz vorgestellt, worum es in diesem Sprachbereich geht, was man über wesentliche Entwicklungsprozesse von Kindern in diesem sprachlichen Bereich weiß und welche Strategien Kinder zwischen drei und sechs Jahren beim Erwerb dieser sprachlichen Fähigkeit anwenden. Die dokumentierten Beispiele aus dem Geschehen in der Kita zeigen, worauf sich die Beobachtung der Fachkräfte als Grundlage für ein sprachliches Förderkonzept richten kann.

2.2.1 Die Sprachebene ‚Laute und Prosodie'

Mein Staubsauger macht so:
    Janis: *Ja, wwwwww, so macht meiner. Nein, durch meine...., uwi-iuiuidui, du i, aber jetzt, iiiiiii (hoch und hell)*
    Sedat: *Mein Sauger: dsch.*
    Nils: *Und mein Sauger, dschschsche*
    Janis: *diiiiiii.*
    Nils: *Und meiner macht so: dsch, dsch, dsch (gleichmäßig).*
    Sedat: *Meiner, duuuuuuuuuu (langgezogener Ton).*

In dieser lautmalerischen Beschreibung von Staubsaugergeräuschen verwenden die drei Jungen zwischen vier und sechs Jahren Vokale und Konsonanten in unterschiedlichen Verbindungen und benutzen prosodische Mittel, wie Tonlage, Sprechgeschwindigkeit oder Silbendehnungen durch Vokalverdoppelungen, um den Spielfreunden eine deutliche Vorstellung des heimischen Staubsaugers zu geben. Dabei steigern sie sich gegenseitig in ihren stimmlichen Produktionen, greifen Ideen der Freunde auf und setzten ihre eigenen dagegen. Im weiteren Verlauf dieses Gesprächs einigen sie sich schließlich darauf, dass jeder ihrer Staubsauger auch ein *bu-bu – bu-bu* hervorbringen kann. Neben dem variablen Einsatz der Stimme unterstreichen die Kinder mit Gesten oder auch mit dem ganzen Körper anschaulich das jeweilige erinnerte Geräusch. In solchen Spielen mit Lauten, Silben und begleitenden Gesten zeigen die Kinder ihr lautliches Repertoire und schaffen sich gleichzeitig ein Übungsfeld für Artikulation und Prosodie.

Was bringen Kinder bei Eintritt in den Kindergarten im Bereich Laute und Prosodie mit?
Kinder erwerben das Lautrepertoire und die prosodischen Elemente der sie umgebenden Sprachen (Personen) vom Säuglingsalter an. Dazu gehört einerseits die akustische Wahrnehmung und andererseits die Produktion von Lauten und Satzmelodien der jeweiligen Sprache(n). Die körperlichen Voraussetzungen hierfür sind mit der Atmung, der Stimmentfaltung und der Entwicklung des Gehörs verbunden. Mit ca. drei Jahren verfügen Kinder über das Lautrepertoire ihrer Sprache(n). Über die Prosodie der gesprochenen Sprache (Tonhöhe, Lautstärke, Geschwindigkeit, Betonungen, Pausen) erhalten sie auch Hinweise auf grammatische Strukturen. Nicht alle Laute, die sie vielleicht schon hören, können sie auch zielsprachengerecht produzieren. Die Beherrschung von einzelnen Lauten und Lautkombinationen kann bei Dreijährigen noch individuell sehr unterschiedlich sein.

Was erwerben Kinder im Lauf der Kita-Zeit?
Im Verlauf der Kindergartenzeit (zwischen drei und sechs Jahren) verfeinern und vervollständigen die Kinder ihr Lautrepertoire (z.B. durch harte und weiche Konsonanten, Rachenlaute, Zischlaute, schwierige Lautkombinationen) und sie setzen im Rahmen von Spielhandlungen gezielt prosodische Mittel ein. Vereinfachungen in der Aussprache bei einzelnen Lauten oder Weglassen von unbetonten Silben sind in diesem Alter noch häufig zu beobachten (z.B. „Tindergarten" „Pubel", (Kar)„Toffel"), (Pul)„lower"). Diese verschiedenen Strategien in der Lautbildung werden in der Regel bis zum Ende der Kindergartenzeit vollständig überwunden, sie erfordern jedoch durchaus die Aufmerksamkeit der

Fachkräfte. Die folgende Aufstellung *aus den Orientierungsleitfäden des Projekts* zeigt, was Fachkräfte durch eine *theoriegeleitete Beobachtung* der Kinder alles entdecken können:

Was kann man entdecken im Bereich Laute und Prosodie?
- Lautvereinfachungen, Lautmalereien, Spontangesänge
- Lautimitationen, Nachahmung von Geräuschen
- lautliche Begleitung des Handelns, Verknüpfung von Bewegung und Lauten
- Laute aus anderen Erstsprachen
- Stimmeinsatz, Stimmfärbungen
- Einsatz von prosodischen Mitteln (Betonung, Sprachmelodie, etc.)
- Interesse an Buchstaben und Schreibversuche

Ein Beispiel aus den Projektdokumentationen zeigt den spontanen und kreativen Umgang der Kinder mit Lauten bei der Begleitung ihres Spiels:
Mona (4;7) singt beim Knete rühren:
Plopp, plopp, bli-bla-blop,
plopp, hopp – hopp
stop, stop
plooop!

Sie beschreibt in ihrem selbstversunkenen Singsang das Blubbern der köchelnden Knetmasse auf dem Herd und gibt sich gleichzeitig damit einen Rhythmus für das Rühren. Welche Hinweise ergeben sich aus diesen Beobachtungen für die Förderung?

Was kann man fördern im Bereich Laute und Prosodie?
Der spielerische Umgang mit Lauten und Sprachmelodien bietet viele Gelegenheiten, die Mundmotorik und die Feinheiten der Aussprache (Artikulation) zu üben. Die Erzieherin oder der Erzieher kann die Lust der Kinder am Lautspiel aufgreifen, aufmerksames Zuhören üben und den Kindern somit Übungsmöglichkeiten bei der Lautbildung und -erweiterung bieten.

Die folgenden (meist bekannten) Beispiele geben Anregungen dazu, die Aktivitäten aus den Bildungsbereichen unter dem Gesichtspunkt der Förderung von Lauten und Prosodie genauer zu betrachten:
- *Bewegung*: Bewegungsabläufe lautmalerisch begleiten, z.B. die Schaukelbewegung durch „hey! hoh!" antreiben.
- *Musik und Bewegungsspiele*: Tierlaute, Natur- oder Alltagsgeräusche nachahmen oder erfinden und dabei die Stimme mit vielen Facetten erklingen lassen, z.B. brüllen wie ein Dinosaurier, schnattern wie eine Ente (und wie tönt ein Fisch?).

- *Medienarbeit*: Nimmt man die Geräuschproduktion auf Tonband auf, kann man ein Ratespiel für die anderen Kindern daraus machen oder z.B. Hörspaziergänge durch die Kita aufnehmen. Ebenso können Kinder und Fachkräfte im Rahmen von Medienprojekten mit Stimme und Mikrofon Geschichten erzählen und dabei mit unterschiedlichen Stimmlagen spielen.
- *Musik:* Lieder und Verse bieten ein weites Feld für das Spiel mit den Lauten, z.B. Singen von Nonsensliedern oder von Liedern, bei denen man Laute variieren, vertauschen, weglassen kann. In den Rahmen musikalischer Aktivitäten fallen auch z.B. das Lauschen auf verschiedene Klänge und Geräusche beim Waldspaziergang oder das genaue Hinhören und Beschreiben, wie Instrumente klingen.

Für Kinder, die mit mehreren Sprachen aufwachsen, haben Laute und Prosodie auch beim Erwerb ihrer Zweitsprache Deutsch ein großes Gewicht. Mehrsprachigen Kindern helfen Satzmelodien und Betonungen, die verschiedenen gehörten Sprachen zu unterscheiden. Beim Erstkontakt mit Deutsch in der Kita vermitteln zunächst der Sprachklang und die Sprechweise den entscheidenden Zugang zur deutschen Sprache. Über die Klangerfahrungen bei verschiedenen Aktivitäten (z.B. Lautspielen, Liedern und Versen) können mehrsprachige Kinder die Aussprache und Sprechweise der deutschen Sprache erfassen und sich selbst darin spielerisch ausprobieren. Die vielfältigen Spielformen mit Lauten, Klängen und Rhythmen vermittelt ihnen Sicherheit mit dem deutschen Lautrepertoire und der Sprachmelodie. Bei Bewegungsspielen oder beim Singen und Spiel mit Instrumenten können sie zunächst auch ohne Worte eingebunden sein. Sie können z.B. ein Begrüßungslied mitsingen, auch wenn noch nicht jedes Wort stimmt. Mit der stetigen Wiederholung werden die fehlenden Wörter und Satzteile nach und nach ergänzt.

2.2.2 Die Sprachebenen ‚Kognition und Wortbedeutung'

Über die sprachstrukturelle Ebene hinaus, bei der es um den Erwerb von Lauten, Wortschatz und Grammatik geht, hat sich das Projekt auch intensiv mit der Funktion von Sprache für die kognitive und sozial-kommunikative Entwicklung der Kinder befasst. Denn in beiden Bereichen entfaltet die Sprache eine enorme Wirkung und verändert das Verhalten von Kindergartenkindern, ihre Interessen und ihre Handlungsmöglichkeiten auf entscheidende Weise.

„In Sprache denken" ist eine Kompetenz, die für Erwachsene selbstverständlich ist, so dass sie nicht weiter darüber nachdenken. Der innere Dialog mit sich selbst, das Nachdenken über Aktivitäten, Erfahrungen und Vorhaben erfolgt ganz automatisch und sprachliches Denken begleitet und bestimmt ganz unbemerkt das Handeln. Verpackt in Sprache stehen Wissen sowie Erfahrungen als gedankliche Repräsentation immer zur Verfügung. Dieses In-Sprache-denken – d.h. über etwas nachdenken, Zusammenhänge erkennen, etwas planen oder sich an etwas erinnern – muss sich bei Kindern erst noch entwickeln. Die Kita-Zeit ist dafür von besonderer Bedeutung, denn im Alter zwischen drei und sechs Jahren entwickeln sich Spracherwerb und Denkentwicklung miteinander und beide Bereiche profitieren von diesem Zusammenspiel. Kindergartenkinder beginnen damit Zusammenhänge zu erkennen, sie beziehen vergangene Erfahrungen in ihr Handeln mit ein und sie beginnen ihre Spiele zu planen, d.h. sie überlegen und handeln mit ihren Freunden aus, wie sie etwas spielen oder gestalten möchten.

So macht im Kindergartenalter das sprachliche Denken ganz entscheidende Fortschritte. Vergleicht man ein zwei- bis dreijähriges Kind mit einem fünf- bis sechsjährigen wird ganz deutlich, wie sehr sich die sprachlich-kognitiven Fähigkeiten im Kindergartenalter weiter entwickeln. Bei Vorschulkindern lässt sich ein vermehrter Einsatz von Sprache wahrnehmen und viele neue Funktionen von Sprache für das kindliche Handeln und Denken können beobachtet werden.

Kindergartenkinder beginnen damit, ihr Handeln und ihre Wahrnehmungen durch die Brille der Sprache zu betrachten: Das was sie tun wird sprachlich eingeordnet und sortiert: z.B. beim Malen und Konstruieren.

Auf Nachfrage der Erzieherin erklärt Pascal (4;0) was er gezeichnet hat:
„Das ist der Bauernhof. Da kann man die Kühe und Schweine einladen. Das ist der Stall für die Kühe und das für die Schweine. Hier ist ein großer Felshaufen. So ein großer Stein, weißte? Das sind Räder. Ich weiß immer, was ich male. Jetzt bin ich fertig!"

Ältere Kindergartenkinder entwickeln einen forschenden Blick auf ihre Umgebung. Sie geben sich nicht mehr mit einer Situation, wie sie ist, zufrieden, sondern hinterfragen Phänomene und entdecken Zusammenhänge. Sie sind neugierig, stellen viele Fragen und interessieren sich für Erklärungen. Zugleich entwerfen sie erste eigene Theorien, von denen sie selbst sehr überzeugt sind:

Warum lebt ein Baum?
David (4;9 russisch-deutsch): Weil es warm ist. Meine Füße sind heiß.
Miray (6;3 türkisch-deutsch): Weil ein Baum groß wird. Erst war die klein, dann wird die groß, groß, groß.
Hassan (6;1 arabisch-deutsch): Der Baum braucht Wasser.
Hilay (6;0 türkisch-deutsch): Der hat doch kein Mund! Hat er ein Mund?
Alle: Nö, nö!
Hilay: Ist er ein Mann? Nö!
David: Baum isst Wasser, Rinde ...?
Miray: Ha, ha, ha. Baum kann doch nicht Baum essen.

Dies ist ein wunderbares Beispiel, wie Kindergartenkinder sich die Welt erschließen: Sie setzen sich intensiv mit Fragen auseinander: „Lebt ein Baum? Warum lebt ein Baum?" und sie leiten aus ihren Erfahrungen Begründungen ab: Zum Wassertrinken braucht man einen Mund und wenn ein Baum Rinde isst, das kann ja wohl nicht sein, denn dann isst er ja sich selbst!

Diesem Beispiel lässt sich auch entnehmen, dass Kinder im Kindergartenalter aufmerksam dafür werden, was in den Köpfen ihrer Freunde vorgeht. Im Rollenspiel und in Gesprächen nehmen die Kinder wahr, dass ihre Freunde und Freundinnen über andere Erfahrungen verfügen und dass es unterschiedliche Vorstellungen und Ideen zum Spielverlauf und zur Spielgestaltung in der Kindergruppe gibt. So erobern sich die Kinder im gemeinsamen Gespräch die Fähigkeit zum Perspektivwechsel.

Mit dem entstehenden sprachlichen Denken verändern sich das kindliche Verhalten und die Interessen von Kindern. Während bei den Kleinen noch das Handeln an erster Stelle steht, übernimmt bei den älteren Kindern Schritt für Schritt das sprachliche Denken die Regie über ihr Verhalten. Diese wachsende Bedeutung der Sprache für die kognitive Entwicklung der Kinder zeigt sich auch am *Verständnis von Wörtern*. Auch wenn es Erwachsenen oft so erscheint, erwerben Kinder Wörter nicht von heute auf morgen und ihr Verständnis von einzelnen Wörtern unterscheidet sich deutlich vom Wortverständnis der Erwachsenen. Kindergartenkinder begreifen Wörter zunächst wie Namen, die zu den Dingen aufgrund einer konkret wahrnehmbaren Eigenschaft dazugehören. Die Lernpsychologin Elsbeth Stern hat dies an einem sehr anschaulichen Beispiel verdeutlicht:

„Für Kinder ist ein Onkel ein netter, älterer Mann, und dementsprechend würden sie die Frage: Wenn deine Mutter einen Bruder hätte, der jünger ist als du, wäre das dein Onkel? vehement verneinen." (Stern, 2004).

Kinder lassen sich bei Wortbedeutungen von ihren Wahrnehmungen und konkreten Erfahrungen leiten, während die Begriffswelt von Erwachsenen darüber hinaus von Definitionen und logischen Ableitungen geprägt ist. Ob jemand ein Onkel ist, folgern Erwachsene nicht aus Alter und Aussehen, sondern aus den verwandtschaftlichen Beziehungen.

Die Entstehung von Wortbedeutungen kann – je nachdem, um welche Wörter es sich handelt – ein langwieriger Prozess sein. Dafür reicht es oft bei weitem nicht aus ein Wort ein- oder zweimal zu hören. Auch Erwachsene haben noch mit vielen neuen Wörtern zu kämpfen – man denke nur an den Fachwortschatz aus der Sprachwissenschaft wie ‚Prosodie, Morphologie, Syntax'. Erst mit ca. vier Jahren beginnen Kinder mit der Verwendung abstrakter Wörter, deren Bedeutung sich nicht sinnlich wahrnehmen lässt. Das sind zum Beispiel Eigenschaftswörter, die man nicht sehen, zeigen oder fühlen kann wie stark oder hübsch und Wörter, mit denen man Gefühle, Beziehungen und Wertungen ausdrücken kann wie Freundschaft, Glück, Trauer. Kindergartenkinder werden dann auch sensibel für Wörter, die komplexe zeitliche und räumliche Bezüge kennzeichnen wie etwa ‚gestern' und ‚übermorgen' oder ‚rechts' und ‚links'. Mit solchen Wörtern setzen Kinder sich oft über eine lange Zeit hinweg auseinander, sie probieren sie aus und nähern sich dabei Schritt für Schritt an die allgemein geltende Bedeutung an, wie in den folgenden Beispielen von Thomas und Lisa:
- *Thomas (5;10): Übergestern hab ich der Oma den Zaubertrick mit dem Taschentuch, das trocken bleibt gezeigt.*
- *Lisa 4,5: Ich hab vorgestern Geburtstag, da werd ich vier und da krieg ich viele Geschenke.*

Was bedeuten diese Erkenntnisse und Beobachtungen für die Gestaltung und Planung der sprachlichen Förderung?

Für die Projekteinrichtungen war die Erkenntnis wichtig, dass es beim Wortschatz nicht primär um ein möglichst großes Wörterbad geht. Vielmehr brauchen Kinder Gelegenheiten, sich intensiv mit der Bedeutung von einzelnen Wörtern auseinanderzusetzen. Die Fachkräfte sind neugierig geworden zu erfahren, was Kinder mit bestimmten Wörtern verbinden und wie verschieden die Vorstellungen zu Wörtern bei unterschiedlichen Kindern sind.

Die Bildungsbereiche bieten viele Gelegenheiten, bei denen man über Wörter und ihre Bedeutung sprechen kann:

- Kinder können durch Bewegungen Wortbedeutungen körperlich erleben und zum Ausdruck bringen – sie sind begeistert dabei, wenn sie z.B. Tiere in ihrer spezifischen Bewegung imitieren.
- Im Rahmen der Medienarbeit kann man mit Kindern ein Bildermemory erstellen, das z.B. auf Gegensatzpaaren aufbaut, wie sauber-schmutzig, oben-unten oder auch auf Wörtern mit mehreren Bedeutungen, wie Birne, Fliege, Schimmel u.a.
- Oder, Fachkräfte erstellen mit Kindern ein Kindergarten-Wörterbuch, in dem Kinder aus ihrer Sicht die wichtigsten Personen und Aktivitäten im Kindergarten beschreiben – ein Produkt, für das auch die Eltern großes Interesse zeigen:
  Anika (3;3) zu Jungen: Janis, Hans, Paul, sind das. Die haben Pullover und Hosen an, eine Brille auf. Sie spielen mit Autos.
  Paul (4;4) zu Mädchen: Die haben ein Kleid, Pullover und Strumpfhose an. Haben Zöpfe und Haarspangen. Lena und Annika sind das.
  Janis (3;9) zu Erzieherinnen: Die sind immer ganz groß. Gundel, Lisa und Conny.
- Auch beim Vorlesen oder Geschichtenerzählen tauchen spannende Wörter auf, die Kinder interessieren, über die sie etwas wissen wollen oder etwas erzählen können:
  Murat (5;6 türkisch-deutsch): Aber gibt's ein echtes Seepferdchen?
  Erzieherin: Ja, die gibt es wirklich.
  Vanessa (5;7 polnisch-deutsch): Ich hab schon mal ein Seepferdchen gesehen in .. in Tiermuseum, da gabs nur Fische.
  Amal (5;1 arabisch-deutsch): Und ich war in Urlaub schwimmen, danach ist Papa zu mein Tante getaucht und dann hat die gekitzelt. Die glaubt, da ist ein Fisch, die fresst die auf.

So hat sich auf vielerlei Weise eine neue Wörter-Kultur in den Projektkitas etabliert, mit der Erzieherinnen und Kinder die Bedeutung von Wörtern zum spannenden Thema machen.

3. Beobachtungshilfen: Orientierungsleitfäden

Für die systematische Entdeckung und Förderung von Kindersprache in den verschiedenen Sprachbereichen wurden im Projekt Beobachtungsinstrumente, so genannte Orientierungsleitfäden entwickelt – Türöffner sozusagen für den Eintritt ins Reich der Kindersprache. Sie enthalten in einer komprimierten und praxisnahen Aufbereitung einen Überblick über die sprachliche Entwicklung von Kindern zwischen drei und sechs Jahren und unterstützen Fachkräfte bei der differenzierten Wahrnehmung des kindlichen Umgangs mit Sprache:

Orientierungsleitfäden zur Beobachtung: Kindersprache systematisch entdecken und fördern

- Was bringen Kinder an sprachlichem Wissen in die Kita mit?
- Worum geht es bei der sprachlichen Entwicklung im Verlauf der Kita-Zeit?
- Was kann man an Kindersprache entdecken?

Zielpunkte der Beobachtung sind, was Kinder sprachlich schon können, welche Strategien sie anwenden, um sprachliche Regeln zu verinnerlichen und womit sich Kinder sprachlich gerade auseinandersetzen. Dieser erste Schritt einer sensiblen und theoriegestützten Wahrnehmung von Kindersprache erscheint uns unabdingbar, um sprachliche Bildungsprozesse der Kinder begleiten und anregen zu können.

4. Sprachpotentiale in den Bildungsbereichen

Kinder spielen und handeln nicht, um sich Sprache anzueignen. Umgekehrt wird ein Schuh daraus. Während sie spielen eignen sie sich – beiläufig und nebenher – auch die Sprache an, um ... und auf dieses um kommt es den Kindern an: um ein Lied zu singen, um mit Sonja verstecken zu spielen, um herauszufinden ob der Regenwurm riechen kann oder um für die Eltern eine Fotogeschichte aus dem Kita-Alltag zu erstellen. In der Projektkonzeption ist Sprachförderung deshalb kein zusätzliches Angebot und Sprache kein eigenständiges Bildungsthema. Stattdessen geht es darum, Sprache in den Bildungsalltag zu integrieren, sie tagtäglich als querliegendes Thema zu verankern.

Als Ergebnisse der Entwicklungs- und Erprobungsarbeit im Projekt wurden spezifische sprachliche Potentiale in den einzelnen Bildungsbereichen herausgearbeitet, die hier in Ausschnitten vorgestellt werden. Über alle Bildungsbereiche hinweg sind jedoch auch Gemeinsamkeiten in den Handlungen der Kinder zu erkennen, die mit kommunikativen und kognitiven Prozessen in der Sprachverwendung korrespondieren: Theorien bilden, sich verständlich machen, Beziehungen gestalten sowie Spielhandlungen absprechen – all das erfordert sprachliche Fähigkeiten, die von anregungsreicher Sprachförderung profitieren.

4.1 Musik und Sprache

Musik hören und selbst Musik zu machen ist für Kinder eine lustvolle Erfahrung, bei der sie mit dem ganzen Körper dabei sind. Sie singen und produzieren Klänge mit der Stimme, sie lauschen den eigenen und fremden Tönen, klatschen und stampfen im Rhythmus und lassen sich zu Bewegung und Tanz animieren. Solche und viele andere musikalische Aktivitäten bereichern die Schatztruhe für die sprachliche Förderung in der Kita. Musik bietet den Kindern dabei zum einen eine eigene Form etwas auszudrücken und sich anderen mitzuteilen und sie ist zum anderen eng mit Sprache verbunden.

Mit Musik und Sprache treffen zwei Arten menschlicher Kommunikation zusammen, die sich in ihrer Ausdruckskraft verdoppeln können: So erhalten die trottenden Nilpferde eine langsamere und tiefer tönende musikalische Begleitung als die fröhlich trippelnden Küken. Ein trauriger oder lustiger Text kann insofern durch die melodische und rhythmische Gestaltung seine volle Wirkkraft entfalten.

Sprache und Musik basieren auf den gleichen körperlichen Voraussetzungen, nämlich Atmung, Gehör und Sprechwerkzeuge sowie der Entfaltung der Stimme. Eine weitere enge Verbindung von Musik und Sprache zeigt sich auch an den gemeinsamen melodischen und rhythmischen Merkmalen. Musik hilft Sprache zu entschlüsseln mit Klang, Melodie und Rhythmus, z.B. durch die rhythmische Strukturierung und Betonung:
Ein Abzählvers von Ruth (4;1):
Mene, mene miste, es rappelt in der Kiste,
mene, mene meck und du bist weg,
lange lange noch nicht
sag mir erst wie alt du bist.

Mit Hilfe der prosodischen und musikalischen Elemente können Kinder komplexe sprachliche Strukturen erkennen, z.B. kann die rhythmische Struktur eines Verses (wie Betonungen, Zeilenlängen) Kindern dabei helfen, sich Wörter und Satzteile besser zu merken, auch wenn der Vers nicht sofort komplett wiedergegeben werden kann. Weiterhin trägt der gegliederte Aufbau musikalischer Werke, z.B. beim Lied in Refrain und Strophe, dazu bei, dass Kinder immer wieder den Einstieg ins Geschehen finden können.

Für die sprachliche Förderung im Rahmen musikalischer Aktivitäten bietet sich in jeder Altersstufe des Kindergartens ausreichend Stoff. Für die Kleinen sind vor allem ihre eigenen Gesänge oder Klangprodukte typisch, die keiner strengen Liedvorlage gehorchen und frei mit musikalischen und sprachlichen Motiven umgehen. Ältere Kindergartenkinder sind dagegen schon stolz auf eine korrekte Liedwiedergabe und das koordinierte Spiel mit Musik, Rhythmus und Sprache. Dafür bieten Kinderlieder eine breite Palette an Spielmöglichkeiten in immer neuen musikalischen und sprachlichen Varianten. Es lohnt sich, den sprachlichen Gehalt der Lieder eigens zu betrachten und unter anderem auf die literarische Qualität der Sprache zu achten.

4.2 Aktive Medienarbeit und Sprache

Kinder lieben Medien und noch mehr begeistert es sie, Medien selbst in Gebrauch zu nehmen und gestalten zu können. Diese Begeisterung spornt sie zu sprachlicher Aktivität an. Fotogeschichten aus dem Kita-Alltag, digitale Bilderbuchgeschichten, Hörstücke mit Tischsprüchen, Fotorätsel – solche und andere Medienprodukte haben die Kinder mit Hilfe ihrer Erzieherinnen und Erzieher im Projekt erstellt.

Alex und Laura (beide 6;0) überlegen, was wohl der beste Standort für ihr Fotomotiv sein könnte:
> „Gegen die Sonne zu fotografieren ist nicht gut", findet Alex. Laura hat eine Idee: „Wenn die Sonne hinter dem Menschen steht, der fotografiert, dann könnte die Sonne in die gleiche Richtung gehen, wo die Menschen hingucken".
> „Aber dann", gibt Alex zu bedenken, „muss ja der, der auf dem Klettergerüst ist, der muss ja dann gegen die Sonne gucken und das geht nicht so einfach ... da muss man blenden, man muss so machen (Alex blinzelt mit den Augen) und dann klappt es nicht so richtig."

Wenn Kinder beim Fotografieren eigenständig die Erfahrung machen, welche Bedeutung etwa Lichtverhältnisse für die Qualität einer Aufnahme haben (da sieht man nix, ist ganz dunkel, ganz hell), dann können sie diesen Zusammenhang auch sprachlich herstellen. Kinder erweitern im aktiven Umgang mit Medien ihre Kompetenz, Zusammenhänge sprachlich nachzuvollziehen, eigenes Handeln zu reflektieren und Problemlösungen zu entwickeln. Das größte Plus der Medienarbeit ist ihr schöpferisches Potential; für die Sprachförderung enthält sie damit eine reichhaltige, pädagogische Kost. Die Schwerpunkte der Medienarbeit liegen im Bereich der Kommunikation und der sprachlichen Kognition. Anknüpfungspunkte dafür lassen sich auf zwei Ebenen entdecken:

Aktive Medienarbeit bringt Kinder in den Dialog und beflügelt sie, mit Sprache zu planen.
In Medienprojekten handeln Kinder fast immer im Dialog, mit unterschiedlichen Kindern und mit der Fachkraft als kompetenter Sprachpartnerin. Denn Medienarbeit ist Teamarbeit und das verlangt sich zu besprechen und abzusprechen, gehört zu werden und zuzuhören, gemeinsam Entscheidungen zu treffen und Kompromisse zu finden. Medienarbeit erfordert außerdem planvolles Vorgehen. Sprachliches Verstehen und Nachvollziehen von Arbeitsabläufen und ihren Zusammenhängen ist da genauso von Bedeutung wie eine Auswahl zu treffen und zu begründen, zum Beispiel beim Begutachten erster Produktionsergebnisse. Bei all dem begleitet Sprache das Handeln der jüngeren Kinder und steht sie den älteren Kindern als geistiger Schatz zur Verfügung, um ihr Handeln zu planen und zu reflektieren.

Aktive Medienarbeit bringt Kinder ins Erzählen, bereichert ihre Vorstellungswelt und differenziert ihren Wortschatz.
Dies betrifft die eigentliche Medienproduktion, den Umgang der Kinder mit den Medien. Die besonderen Möglichkeiten der Medien zu „erzählen", stellen Kindern vielfältiges Material bereit, um ihr erzählerisches Talent zu erweitern und auszubauen. Die (Symbol) Sprache der Medien, ihre Gestaltungsmöglichkeiten, aber auch der notwendige Fachjargon im Umgang mit der Medientechnik, kann außerdem ihre Wahrnehmungswelt bereichern und damit vor allem ihren Wortschatz differenzieren.

4.3 Naturwissenschaften und Sprache

Kinder faszinieren uns immer wieder damit, dass ihnen viele Dinge auffallen, die uns selbstverständlich erscheinen. Kinder können noch staunen über die Welt, über die Dinge und über die Natur. Dadurch sind sie uns bei naturwissenschaftlichen Aktivitäten oft einen wichtigen Schritt voraus: Sie gehen an vieles, was für Erwachsene ganz selbstverständlich ist, mit einem unermüdlichen Forschergeist heran.

Für Drei- und Vierjährige steht im Rahmen naturwissenschaftlicher Aktivitäten das Wahrnehmen mit allen Sinnen im Vordergrund: in einem Fühlsäckchen Dinge ertasten, an unterschiedlichen Gewürzen riechen, ausgiebig mit grüner und gelber Farbe auf einem Blatt experimentieren, einen Regenwurm in einer Becherlupe beobachten und ihn zeichnen, all das kann Ausgangspunkt sein für intensive sinnliche Erlebnisse, die das kindliche Erfahrungswissen bereichern.

Sprache spielt bei solchen sinnlichen Erlebnissen zwar oft nur eine begleitende, aber eine durchaus wichtige Nebenrolle: Sie dient Kindern dazu auf ihr Handeln hinzuweisen: „Schau mal ich mische!", punktuell auf etwas besonders Interessantes aufmerksam zu machen: „Mein Regenwurm ist der größte!", oder auch überraschende Entdeckungen mitzuteilen: „Der bewegt sich jetzt!". Das heißt, wichtige Eindrücke werden von den Kindern sprachlich gewissermaßen festgehalten.

Für ältere Kinder, also die Fünf- und Sechsjährigen bieten naturwissenschaftliche Aktivitäten hervorragende Möglichkeiten, um eigene Fragen zu entwickeln, die sie anschließend experimentell überprüfen können. Denn Phänomene der belebten Natur, also alles, was krabbelt und kriecht und Phänomene der unbelebten Natur, (also der Physik und der Chemie) zu erforschen, dahinter steckt mehr als experimentierendes Handeln. Kinder können sich dabei auf ganz unterschiedlichen sprachlichen Ebenen bewegen:

Zunächst geht es darum, eine *Fragestellung mit kindgerechtem Alltagsbezug* aufzugreifen oder zu entwickeln, also eine Frage, die für die Kinder nachvollziehbar ist und Relevanz besitzt. Diese kann z.B. aus den Beobachtungen und Erfahrungen, die Kinder im Alltag machen, abgeleitet werden: Warum leben die Asseln im Garten wohl unter Steinen?

Auf einer zweiten Ebene geht es um *Vermuten und Spekulieren*. Dabei bewegen sich Kinder in der Welt der Möglichkeiten, also des Konjunktivs, und sie erfahren, dass verschiedene Personen unterschiedliche Vermutungen haben. Um den Freunden möglichst genau mitzuteilen, was man alles entdeckt hat und um zu erfahren, was der Freund sich denkt, sind bestimmte grammatikalische Formen, wie etwa Haupt- und Nebensatzkonstruktionen oder die Veränderung der Verben, ein wichtiges Handwerkszeug: Ich glaub, Asseln mögen's gerne dunkel! Und was glaubst Du?

Beim *Experimentieren* kann der Blick durch eine Lupe oder das genaue Beobachten eines physikalischen Ablaufs die Aufmerksamkeit von Kindern auf einen bestimmten Aspekt lenken und sie so auf Unterschiede zwischen den Dingen aufmerksam machen, über die sie dann auch sprachlich nicht mehr hinwegsehen wollen. Denn es macht einen Unterschied, ob ein Gegenstand nur rutscht oder ob er rollt, wenn er sich eine schiefe Ebene hinunter bewegt oder ob eine Schnecke kriecht und eine Assel krabbelt. Diese Herausforderung, sinnliche Erfahrung in Sprache zu fassen, zu vergleichen und zu klassifizieren bietet viele Möglichkeiten neue Wortfelder, Fachwörter und grammatikalische Regeln zu erproben, zu stabilisieren und sich neue Formen zu erschließen.

Letztendlich erfahren Kinder bei naturwissenschaftlichen Aktivitäten dann auch, dass man durch das Experimentieren und das genaue Beobachten zu *neuen Erkenntnissen* kommen kann und die Fragen vom Anfang auf neue Weise beantworten kann. Ziel ist es, dass Kinder nicht nur staunen können über die Phänomene, die sie untersuchen, sondern dass es ihnen möglich ist, aus ihren Beobachtungen beim Experimentieren selbst Schlussfolgerungen zu ziehen. Dadurch können sie ihre Theorien über die Welt weiterentwickeln.

Sprache wird für fünf- bis sechsjährige Kinder in dieser Entwicklungsphase des zielgerichteten, expliziten Lernens im Rahmen naturwissenschaftlicher Aktivitäten zu einem mindestens genauso wichtigen Werkzeug wie eine Lupe. Sie dient nicht nur dazu, die Welt zunehmend sprachlich differenzierter zu beschreiben, sondern wird reflektierend und verallgemeinernd eingesetzt für Vermutungen, Erklärungen, den räumlichen und zeitlichen Perspektivwechsel und um Zusammenhänge herzustellen. Außerdem erfordert Forschen Konzentration und Zeit für das Nachdenken. In diesen Situationen sind Kinder – nach außen nur manchmal hörbar – im Dialog mit sich selbst.

Mehrsprachige Kinder erleben in naturwissenschaftlichen Aktivitäten eine Betätigung, die ihrer kognitiven Entwicklung entspricht. Dies ist ein wichtiges Moment, denn auch für diese Zielgruppe umfasst Sprachförderung mehr als Grammatik und Wortschatzarbeit. Im Kontext des sinnlichen Erfahrens und Experimentierens können sich Kinder auf anschauliche Weise die Eigenschaften von Dingen erschließen und sie benennen. So hat sich im Projekt gezeigt, dass mehrsprachige Kinder insbesondere von sich wiederholenden Beobachtungssequenzen profitieren. Wird z.B. eine Birne über einen Zeitraum von einer Woche jeden morgen beobachtet und besprochen wie sie sich in Farbe, Konsistenz und Geschmack verändert, so bietet das eine gute Möglichkeit bestimmte grammatikalische Formen und Wortfelder wiederkehrend zu verwenden und den Kindern durch vertraute Dialogsituationen ein hilfreiches Gerüst zu bieten.

4.4 Bewegung und Sprache

Welches spezifische Sprachpotential und welche Möglichkeiten der sprachlichen Förderung enthält der Bildungs- und Entwicklungsbereich ‚Bewegung'? Bewegung steht bei Kindergartenkindern hoch im Kurs. Das zeigt sich an ihrer Bewegungsfreude, so dass sie, wo immer sich Gelegenheiten bieten, rennen und rutschen, klettern und steigen, schaukeln und balancieren. Mit großer Aufmerksamkeit und Konzentration stellen sie sich neuen körperlichen Herausforderungen und sind stolz auf ihre Fortschritte.

Bewegung und Sprache haben eine ganz elementare Schnittstelle, denn beides sind Ausdrucksmedien und vermitteln Kindern Erfahrungen – und zwar auf ganz unterschiedliche Weise. Während Bewegung anschaulich und konkret ist, ist die Sprache ihrer Natur nach allgemein und abstrakt, im wahrsten Sinne nicht greifbar. Deshalb ist eine Brücke hilfreich, um Sprache be-greifbar zu machen, um zu erleben, was Wörter bedeuten.

So können Kinder, die durch eine Röhre robben oder sich der Herausforderung einer Kletterwand stellen, ihre wachsenden körperlichen Fähigkeiten sinnlich erleben. Wenn sie sich dazu noch die passenden Wörter erobern, kann ihre Handlungskompetenz mit Hilfe der Sprache auch zu ihrem geistigen Besitz werden. Durch körperliche Erlebnisse entwickeln sie ein sinnliches Verständnis für Wortbedeutungen wie etwa ‚drinnen und draußen' oder ‚oben und unten' und für differenzierte Bewegungsformen wie etwa kriechen, krabbeln, robben oder schleichen. Eine sprachliche Begleitung bei Bewegungsaktivitäten gelingt besonders gut, wenn Fachkräfte mit den Kindern im Anschluss an Bewegungsaktivitäten über das, was sie schon alles können oder auch noch nicht können, ins Gespräch kommen.

Für ältere Kinder wird darüber hinaus ein weiterer Aspekt interessant: Sie wollen sich selbst mit ihren Ideen und ihrem Wissen einbringen und sind begeistert, wenn sie sich an der Planung und Gestaltung von Aktivitäten und Spielen beteiligen können. Dies wurde im Projekt bei der Planung von Bewegungslandschaften erprobt.

Aus dem Erfahrungsbericht einer Kita:
> „Wir begannen damit, uns selber den Fachwortschatz für den Bereich der Bewegungsbaustelle bewusst zu machen und ihn den Kindern vorzustellen. Wir erarbeiteten mit ihnen Substantive wie Balancierbalken, -brett, Holzbrett, Bank, Matte ...Verben wie balancieren, springen, klettern, rutschen, runterfallen, sich weh tun oder auch Adjektive wie schnell, langsam, dick, gefährlich oder auch schräg. Wir waren beeindruckt, dass sie sich besonders

durch schwierige Worte wie Trapezböckchen herausgefordert fühlten und Freude daran hatten sie zu lernen."

Bei solchen planerischen Aktivitäten wird nicht nur der Fachwortschatz für Kinder attraktiv, sondern Kinder entwickeln dabei geistige Vorstellungen, die sie praktisch umsetzen, ausprobieren und korrigieren können. Und das bedeutet, sie erleben sich selbst bei solchen Aktionen mit ihrer Sprache und ihrem Handeln als selbstwirksam und erfolgreich.

5. Ausblick

Die Verankerung einer ganzheitlichen und gleichzeitig systematischen Sprachbildung in den Kita-Alltag entwickelt sich nicht über Nacht. Im Rahmen der Praxis- und Erprobungsphasen hat sich gezeigt, dass nicht das perfekte Angebot zählt, sondern die kontinuierliche Bereitschaft und Möglichkeit zur gemeinsamen Reflexion und Sensibilisierung. Sprachförderung war für viele der Fachkräfte vor dem Projekt etwas, das man vor allem mit bestimmten Kindern betreiben sollte, die zusätzliche Unterstützung brauchen oder wurde als „Förderung der Kommunikationsfreude" verstanden. Mittlerweile wird eine in andere Bildungsthemen eingebettete und dennoch systematische Sprachförderung in den Einrichtungen als Chance begriffen *alle Kinder* in ihrer Sprachentwicklung zu begleiten.

Im Rahmen einer Befragung der beteiligten Fachkräfte wurde deutlich, dass sie ihr Wissen über Kindersprache nun als wesentlich differenzierter einschätzen als zu Beginn des Projekts. Der weite Blick auf Kindersprache mit seinen vielen Facetten, festgehalten in den Orientierungsleitfäden, wurde als wichtige Hintergrundfolie eingestuft. Die theoriegestützte Sprachbeobachtung hat sich nicht nur als praxistauglich im Kita-Alltag erwiesen, sondern als notwendige Grundlage, um Kindern Gelegenheiten und Aktivitäten anzubieten, in deren Rahmen sie ihre sprachlichen Fähigkeiten anwenden, stabilisieren und erweitern können.

Des Weiteren haben sich die Fachkräfte nicht nur stärker sensibilisiert für die Wahrnehmung der Sprache der Kinder, sondern auch für die Regeln der Sprache und ihr eigenes sprachliches Verhalten. Denn, um zu wissen, ob bzw. dass Kinder die Regeln der Sprache erkannt haben, muss man selbst diese Regeln kennen und reflektieren können.

In der Zusammenarbeit mit den Projekteinrichtungen hat sich darüber hinaus gezeigt, dass eine qualitativ hochwertige Sprachförderung als Querschnittsaufgabe eine fundierte Qualifizierung in den Bildungsbereichen

erfordert. Dies betrifft nicht nur die relativ neuen Bildungsbereiche der Naturwissenschaften und der aktiven Medienarbeit, sondern auch die klassischen Bereiche Musik und Bewegung. Diese Qualifizierung bezieht sich nicht nur auf ein Wissen bezüglich des teils sehr großen Spektrums an Möglichkeiten und Themen, sondern auch auf ein pädagogisches Knowhow. In allen Bildungsbereichen ging es darum zu klären:
- Wie arbeite ich mit Kindern in dieser Altersgruppe?
- Wie gestalte ich das Verhältnis von Anleitung und bewusster Zurücknahme damit Kinder aktive Erfahrungen machen können?

All dieses Wissen und die Erfahrungen aus den Projekteinrichtungen sind in das Praxismaterial eingeflossen, das Anfang 2009 auf den Markt gelangen wird. Das Material ist so konzipiert und aufbereitet, dass man sich auf unterschiedlichen Wegen der Thematik nähern kann:
- von der Sprache aus: D.h. hier steht im Mittelpunkt, wie das Kind zur Sprache kommt, worauf es in der Förderung in einzelnen Sprachbereichen (z.B. Laute und Prosodie oder Kommunikation) ankommt und was der Kita-Alltag an Fördermöglichkeiten bietet.
- Im zweiten Heft geht es um die Darstellung der jeweiligen sprachlichen Schwerpunkte und Fördermöglichkeiten in den Bildungsbereichen Musik, Bewegung, Naturwissenschaften und aktive Medienarbeit.
- Das dritte Heft schließlich nimmt die besondere Situation mehrsprachiger Kinder in den Blick und
- Heft 4 hat das Handwerkszeug zum Inhalt: die Orientierungsleitfäden für die Beobachtung der Kinder sowie methodische Hinweise zur Beobachtung, Dokumentation und Reflexion sprachlicher Angebote.

Literatur

Jampert, K.; Leuckefeld, K.; Zehnbauer, A. & Best, P. (2006). Sprachliche Förderung in der Kita. Wie viel Sprache steckt in Musik, Bewegung, Naturwissenschaften und Medienarbeit? Weimar/Berlin: verlag das netz.

Jampert, K.; Best, P.; Guadatiello, A.; Holler, D. & Zehnbauer, A. (2007). *Schlüsselkompetenz Sprache. Sprachliche Bildung und Förderung im Kindergarten.* Konzepte – Projekte – Maßnahmen. Zweite, überarbeitete Auflage. Weimar/Berlin: verlag das netz.

Jampert, K.; Zehnbauer, A.; Best, P.; Sens, A.; Leuckefeld, K. & Laier, M. (Hrsg.) (erscheint 2009). *Kinder-Sprache stärken! Sprachliche Förderung in der Kita – Das Praxismaterial.* Weimar/Berlin: verlag das netz.

Stern, E. (2004): Entwicklung und Lernen im Kindesalter. In: Diskowski, H. & D.; Hammes-Di Bernardo, E. (Hrsg.). *Lernkulturen und Bildungsstandards* (37–45). Hohengehren: Schneider Verlag.

Weitere Materialien und Texte unter: www.dji.de/sprachfo-kita

Anne Zehnbauer

Diplom-Psychologin, ist seit 1975 am Deutschen Jugendinstitut in unterschiedlichen Forschungsprojekten in der Abteilung Kinder und Kinderbetreuung tätig. Arbeits- und Forschungsschwerpunkte: Elementarpädagogik, Weiterentwicklungsprozesse in Kindertageseinrichtungen, Integration und Interkulturelle Pädagogik, Sprachentwicklung, Sprachförderung und musikalische Entwicklung, Aus- und Weiterbildung von pädagogischen Fachkräften.

Dr. Karin Jampert

Diplom-Pädagogin, Studium der Sozialpädagogik (FH) und der Erziehungswissenschaften. Seit 1981 am Deutschen Jugendinstitut in unterschiedlichen Forschungsprojekten in der Abteilung Kinder und Kinderbetreuung tätig. Arbeits- und Forschungsschwerpunkte: Kindheitsforschung, Interkulturelle Pädagogik, frühkindlicher Spracherwerb und Mehrsprachigkeit, Institutionen der vorschulischen Kinderbetreuung.

Tanris Breitkopf

BEDEUTUNG DER ELTERNBILDUNG IM HINBLICK AUF SPRACHLICHE FÖRDERUNG IM ELTERNHAUS

Die Zusammenarbeit mit Eltern, die Förderung der Erziehung in der Familie sind als Aufgabe in der „Bildungsvereinbarung Nordrhein-Westfalen" (MSJK, 2003), im „Kinder Bildungsgesetz Nordrhein-Westfalen" (NRW, 2007), im Kinder- und Jugendhilfegesetz (BMFSFJ, 1990) und auch im Weiterbildungsgesetz des Landes Nordrhein-Westfalen (MSWWF, 2000) verankert. Angesichts der zu erwartenden Entwicklung in der sozialen und demographischen Ausdifferenzierung ist ein breit gefächerter Ansatz in der Elternbildung notwendig, der sich bei der Gestaltung der Angebote und der Auswahl der Methoden an der Lebenswelt der Eltern orientiert.

Dies gilt insbesondere für Familien mit Migrationshintergrund aus sozial benachteiligten bzw. bildungsfernen Schichten. In vielen Städten, und speziell in bestimmten Stadtteilen, hat heute bereits fast die Hälfte der Kinder im Alter von null bis sechs Jahren einen Migrationshintergrund, und die Entwicklung ist weiter steigend.

In ihren frühen Lebensjahren erfahren Kinder die stärkste Prägung durch ihre Eltern. Familien haben die Aufgabe, die Kinder zu erziehen, deren persönliche Entwicklung zu fördern, den Alltag zu bewältigen, emotionale Sicherheit zu geben, ihr Selbstbewusstsein zu stärken, Werte zu vermitteln und sollen zudem Integrationsleistungen erbringen und somit für den Zusammenhalt der Gesellschaft sorgen (Henry-Hutmacher, Borchard, 2008). Die Sprachentwicklung beginnt im Elternhaus mit der Muttersprache und deshalb kommt auch der Förderung zu Hause eine besonders große Bedeutung zu.

Sprache ist eine wichtige Basiskompetenz für die Teilhabe am gesellschaftlichen Leben, sie stellt die Grundvoraussetzung für den Erwerb vieler weiterer Kompetenzen und Fertigkeiten dar (Michalak, 2008). Die Unterstützung des Spracherwerbs bereits im frühen Kindesalter erhöht die

Bildungs- und Lernchancen von Kindern. Für Kinder mit Migrationshintergrund, die zunächst mit ihrer Herkunftssprache aufwachsen, ist die Sprachförderung in der deutschen Sprache von besonderer Bedeutung, um ihnen einen guten Start in ihre Bildungslaufbahn zu ermöglichen, besonders wenn die Unterstützung in der Familie nicht ausreichend ist.

1. Elternpartizipation

Für viele Familien mit Migrationshintergrund ist der Kindergarten die erste Bildungseinrichtung, in der sie mit Bildungsansätzen und Erziehungskonzepten einer deutschen Institution in Kontakt kommen. Werden hier positive Erfahrungen gemacht, kann die Kindertageseinrichtung ein Türöffner sein zur Teilhabe am gesellschaftlichen Leben und den Zugang zum Gemeinwesen ermöglichen.

Für das Gelingen einer kontinuierlichen und partnerschaftlichen Zusammenarbeit zwischen den Fachkräften einer Kindertageseinrichtung und den Eltern mit dem Ziel der Förderung der Kinder ist eine Begegnung auf gleicher Augenhöhe unabdingbare Voraussetzung.

Eltern müssen sich in der Kindertageseinrichtung willkommen, angenommen und wertgeschätzt fühlen.

Um Eltern mit ihren unterschiedlichen Werten, Haltungen und Lebenslagen zu erreichen, muss man die Differenziertheit der Familien erkennen und akzeptieren. Wir benutzen Begriffe wie Migranten oder reden von Bildungsfernen, aber jede Familie ist unterschiedlich und es gilt, den herkunftsbedingten Unterschieden, den „Familienkulturen" (Kemper & Lieverscheidt, 2003), Rechnung zu tragen.

Zu einer partnerschaftlichen Zusammenarbeit gehört es von Anfang an, die Erwartungen und Bedürfnisse des Anderen zu kennen. Eine gute Basis der Zusammenarbeit kann gelegt werden, indem Transparenz über die pädagogischen Aufgaben, die Ziele und die Inhalte der Elementarerziehung geschaffen wird. Eltern müssen wissen, wie die Kindertageseinrichtung familienergänzend arbeitet, welche Bildungsthemen sie den Kindern anbietet, wie die Sprachförderung durchgeführt wird und welche Erziehungs- und Lernkonzepte dem zugrunde liegen.

Die Einrichtung ihrerseits braucht Informationen über die Lebenssituation der Familie, um eine Einschätzung vornehmen zu können und um die Wünsche und Vorstellungen der Eltern zu erfahren und berücksichtigen zu können. Wenn beide Seiten sich ein Bild von dem anderen machen können, die jeweiligen Vorstellungen und Ziele kennen, kann eine Reflexion eigener Erfahrungen angeregt werden (Becker-Textor, 1992). Ein kontinuierlicher Austausch ist eine gute Gelegenheit zu erfahren, was die Familien bewegt. Insbesondere bei Eltern mit Migrationshintergrund kann aus unterschiedlichen Gründen eine zurückhaltende Distanz (Stadt Essen, 2004) zu Institutionen und ihren Mitarbeitern gegenüber bestehen, sei es aus Unkenntnis oder bedingt durch negative Erfahrung mit öffentlichen Institutionen, oder einem anderen Verständnis der Rollen von Eltern und Erzieherinnen. Um den Prozess der Zusammenarbeit mit Eltern einzuleiten, ist seitens der Kindertageseinrichtung eine Hol-Struktur unerlässlich, die durch ein offenes Zugehen auf Eltern und eine persönliche und interessierte Ansprache eine gute Basis der Kooperation bereitet.

2. Eltern und Sprachförderung in der Kindertageseinrichtung

Viele Eltern haben die Erwartung, dass die Fachkräfte der Kindertageseinrichtung für das Erlernen der deutschen Sprache ihrer Kinder zuständig sind.

Migrantenkinder aus bildungsfernen Familien lernen zu Hause, aber auch in den Kindertageseinrichtungen nicht automatisch die Sprache der Mehrheitsgesellschaft auf einem Niveau sprechen, das für den späteren Bildungserfolg erforderlich ist (ebd.).

Für einen guten Bildungsstart der Kinder müssen Eltern aktiv in die sprachliche Förderung ihrer Kinder in der Kindertageseinrichtung einbezogen werden. Ein ganzheitlicher und damit idealer Ansatz ist es, wenn die Förderung, die die Kinder in der Kindertageseinrichtung erfahren, zu Hause fortgeführt wird. Denn internationale Studien belegen, dass eine isolierte Sprachförderung ohne Einbeziehung des sozialen Kontexts keine nachhaltigen Wirkungen zeigt (Hermanns, 2001).

Die Ressourcen aller Beteiligten können in die Förderung der Kinder einfließen, wenn es gelingt, in enger Kooperation der Fachkräfte mit den Eltern die Entwicklungsmöglichkeiten und die Bildungsprozesse der Kinder zu gestalten. Eine wichtige Voraussetzung ist die Abstimmung der pädagogischen Arbeit mit den Eltern, indem ihnen vermittelt wird, wie sie die Sprachentwicklung ihrer Kinder positiv beeinflussen können (Michalak, 2008).

3. Sprachvermittlung durch Eltern

Ein Kind lernt eine zweite Sprache leichter, wenn es seine Muttersprache gut beherrscht (Springer-Geldmacher, 2005a).

Hier gilt es, die Fähigkeiten der Eltern für den Bildungsprozess ihrer Kinder zu nutzen. Ihre Eigenpotentiale als Experten und Expertinnen für die Erziehung ihrer Kinder müssen gestärkt werden, indem man an ihre vorhandenen Sprachkompetenzen und Kommunikationsgewohnheiten anknüpft und Eltern dazu ermutigt und ihnen Anregungen gibt, in ihrer Muttersprache vorzulesen, zu erzählen, zu spielen und die Kinder im Alltag sprachlich zu begleiten.

Für viele Eltern mit Migrationshintergrund ist die Erkenntnis, dass sie ihre Kinder in ihrer vertrauten Sprache auch gut fördern können und sie damit auch beim Erlernen der deutschen Sprache unterstützen, sehr entlastend. In der Regel erleben Migranteneltern eine Vorwurfshaltung von Institutionen, weil ihre Kinder kein Deutsch können und sind beschämt, weil ihre eigenen Deutschkenntnisse nicht ausreichend sind.

Gleichzeitig wirkt die Wertschätzung ihrer Herkunftssprache sehr motivierend, ihre Selbstinitiative zu steigern und stärker Verantwortung für die Förderung ihrer Kinder zu übernehmen (Breitkopf & Schweitzer, 2005). Es schafft ein positives Selbstbewusstsein, dass sie sich mit dem, was sie können und beherrschen, sinnvoll einbringen können und dafür Anerkennung bekommen.

Stolz auf ihr Kind und auf das gemeinsame Werk sein zu können, stärkt das Zusammengehörigkeitsgefühl. Sind erste „Erfolge" sichtbar, steigt auch ihre Bereitschaft, das Gespräch mit den Fachkräften zu suchen und sich über Erziehungsfragen und Erfahrungen auszutauschen (Stadt Essen, 2008).

Eltern in ihren Kompetenzen und in ihrer Selbstbildung zu unterstützen und zu bestärken führt dazu, dass sie sich angenommen fühlen, motiviert zur Elternmitarbeit, und ermöglicht den Ausbau sozialer Kontakte mit anderen Eltern über die Einrichtung.

Durch Eltern- und Spielnachmittage oder in Elterncafés kann ihnen sehr praktisch und verständlich vermittelt werden, wie Spracherwerb im Familienalltag spielerisch erfolgen kann. Von zentraler Bedeutung für die Elternbildung ist die Schaffung einer vertrauensvollen Atmosphäre, in der Eltern ihre Fragen formulieren und ihre Themen einbringen können. Eltern interessieren sich für die Fortschritte und Erfolge ihrer Kinder und sind für fachliche Informationen, die sie in ihrem Alltag nutzen können, aufgeschlossen (ebd.). Eltern können eingeladen werden, am Kindergartenalltag teilzunehmen und sie können gebeten werden, Lieder, Spiele, Gestaltungsarbeiten aus ihrer Lebenswelt einzubringen. Eine gute Einbindung von Eltern in die Einrichtung kann stattfinden, wenn die Konzepte der Einrichtung bei den Eltern Akzeptanz finden.

4. Elternbildungsprogramme „Griffbereit" und „Rucksack"

Der Verbund der Regionalen Arbeitsstellen zur Förderung von Kindern und Jugendlichen aus Zuwandererfamilien (RAA) in Nordrhein-Westfalen hat zwei Förderprogramme entwickelt, die Sprachförderung mit gezielter Elternbildung auf sehr wirkungsvolle Weise verknüpfen.

Die Programme „Griffbereit" und „Rucksack", mit denen in Rotterdam insbesondere mit Migrantenfamilien erfolgreich gearbeitet wird, wurden in den Niederlanden von der Stiftung De Meeuw entwickelt.

Der Arbeitskreis IKEEP (Interkulturelle Erziehung im Elementar- und Primarbereich) der RAA's hat diese Programme für den Einsatz in Deutschland überarbeitet und 1998 in Nordrhein-Westfalen als Modellprojekt in Essen durchgeführt. Der Arbeitskreis adaptierte die Programme und übersetzte und überarbeitete sie für die Bedingungen in Deutschland.

Aus der Kleinstkindforschung in Zusammenhang mit der Hirnforschung haben wir die Erkenntnis, dass der Mensch im Kleinkindalter mit großer Intensität und Geschwindigkeit lernt. Die optimalen Lernphasen enden jeweils sehr früh, nach drei Jahren endet der erste Entwicklungsschub, der zweite endet etwa mit der Pubertät. Für das Erlernen von Grammatik und Aussprache beispielsweise sind die ersten 30 Monate extrem wichtig. Mit dem Kind sollte in dieser Phase die Sprache gesprochen werden, die von den Bezugspersonen am besten beherrscht wird (Hauptstelle RAA, 2006).

4.1 Programm Griffbereit

Das Programm *Griffbereit* ist ein Elternbildungsprogramm und richtet sich vornehmlich an Familien mit Migrationshintergrund, die einen geringen persönlichen Zugang zu Bildung aufweisen, die aber an Bildungsinhalten interessiert sind. Es zielt auf die Entwicklung von Kindern im Alter bis drei Jahre ab und fördert sowohl die Sprachkompetenz, als auch die allgemeine kindliche Entwicklung und bezieht dabei die Eltern mit ein. Das Programm kann auch für deutsche Familien und ihre Kinder eingesetzt werden.

Griffbereit wird in Form von Mutter-Kind-Gruppen durchgeführt und richtet sich an Mütter mit Kindern im Alter von ein bis drei Jahren. Die Griffbereit-Gruppen werden überwiegend in Kindertageseinrichtungen durchgeführt, können aber auch in Kooperation mit Familienbildungsstätten angeboten werden.

Neben der Förderung von Sprache und der allgemeinen kindlichen Entwicklung ermöglicht die Gruppe einen praktischen Integrationsaspekt, indem sie Raum für den Kontakt von Müttern/Eltern bietet und Kennenlernen und Gesprächsanlässe zu gemeinsamen Themen schafft.

Eine Griffbereit-Gruppe besteht aus sieben bis zehn Müttern/Vätern und ihren Kindern. Die Gruppe kann ausschließlich aus Eltern mit Migrationshintergrund oder einer gemischten Gruppe von deutschen Eltern und Eltern mit Migrationshintergrund bestehen. Sie kann auch eine homogene Gruppe sein, d.h. nur mit Eltern einer Ethnie. Die Durchführung des Programms umfasst ca. neun Monate, in denen sich Eltern und Kinder einmal pro Woche für 90 Minuten in den Kindertageseinrichtungen oder Familienbildungsstätten treffen.

Griffbereit-Material
Zu dem Griffbereit-Programm gehört ein Materialpaket, das Anregungen für die Eltern enthält, die sie in der Gruppe und zu Hause mit den Kindern umsetzen können. Es besteht aus 64 Themenbausteinen, die auf die altersgerechte Entwicklung des Kindes zwischen dem ersten und dritten Lebensjahr ausgerichtet sind und Themen aus dem Alltag des Kindes aufgreifen.

Elternbegleiterinnen
Eine Griffbereit-Gruppe wird von zwei Elternbegleiterinnen, eine von ihnen sollte eine Erzieherin sein, begleitet. Wenn die Fachkraft selbst zweisprachig ist, braucht sie keine weitere Elternbegleiterin, ansonsten wird sie von einer Muttersprachlerin begleitet. Die muttersprachliche Elternbegleiterin kann eine Mutter sein, die gute Sprachkenntnisse in ihrer Muttersprache und im Deutschen hat, und die geeignet ist, diese Aufgabe zu übernehmen. Es hat sich als erfolgreich erwiesen, die Fachkräfte in den Kindertageseinrichtungen nach Müttern zu fragen, denen sie diese Aufgabe

zutrauen würden. Alle Elternbegleiterinnen werden auf ihre Tätigkeit umfassend vorbereitet und mit dem Elternmaterial vertraut gemacht. Ihre Tätigkeit wird über Honorarmittel finanziert. Über die zweisprachigen Elternbegleiterinnen werden die Kinder mit der Zweisprachigkeit ihrer Umwelt und des Bildungssystems vertraut gemacht.

Griffbereit-Gruppen werden nach einem bestimmten Ablaufschema durchgeführt, was für die Orientierung der kleinen Kinder von Vorteil ist. Der Mehrsprachigkeit der Teilnehmer wird in der Gruppe Rechnung getragen, indem mit Hilfe des Materials sowohl die deutsche, als auch die Herkunftssprache gesprochen wird.

Daneben gibt es ein Handbuch für Griffbereit-Elternbegleiterinnen zur Vorbereitung und Einführung in das Programm sowie zur Begleitung der Müttergruppe.

Die Griffbereit-Gruppe
Die Mütter bekommen von den Elternbegleiterinnen Anregungen und Ideen zur spielerischen Sprach- und Sprechförderung. Sie lernen den Wert der Kommunikation, des Spielens, des Singens, des Malens, der Beschäftigung mit Bilderbüchern etc. für die Entwicklung ihrer Kinder. In der Gruppe werden viele dieser Aktivitäten gemeinsam durchgeführt. Jede Woche erhalten sie ein Arbeitsblatt mit Spiel- und Interaktionsvorschlägen, die sie mit ihrem Kind zu Hause durchführen können. Beim nächsten Gruppentreffen tauschen die Mütter ihre Erfahrungen untereinander aus, erhalten neue Anregungen voneinander. Der regelmäßige Besuch der Müttergruppe in der Kindertageseinrichtung hilft nebenbei, Schwellenängste abzubauen, sowohl gegenüber den anderen Müttern in der Gruppe als auch gegenüber der Institution und ermöglicht erste Erfahrungen mit dem deutschen Bildungssystem.

Die Aktivitäten in der Gruppe und die gemeinsame Auseinandersetzung über weitere Erziehungsthemen und Fragen der allgemeinen kindlichen Entwicklung sensibilisiert die Teilnehmerinnen zu einem bewussteren Umgang mit Sprache in der Interaktion mit ihrem Kind. In der Gruppe erfahren die Mütter Anerkennung und werden ermutigt für die Förderung ihrer Kinder.

Die Eltern werden vertraut mit Bildungseinrichtungen und ihren Erziehungskonzepten und bei vielen Müttern wird das Interesse für das Erweitern der eigenen Deutschkenntnisse geweckt.

Rahmenbedingungen
Die Griffbereit-Materialien sind 2007 überarbeitet worden und stehen in den Sprachen Deutsch, Türkisch, Russisch, Arabisch und Vietnamesisch zur Verfügung.

Sie werden von der RAA kostenfrei zur Verfügung gestellt.

Die Träger müssen für die Finanzierung der Elternbegleiterinnen und -anleiterinnen, des Materials (Kopien, Bastel- und Spielmaterial, usw.) und für angemessene Räumlichkeiten sorgen.

4.2 Elternbildung nach dem Rucksackprogramm

Das Rucksackprogramm ist ein Elternbildungs- und Sprachförderprogramm zur Förderung der Muttersprachenkompetenz und der allgemeinen kindlichen Entwicklung für drei- bis sechsjährige Kinder. Es berücksichtigt die Entwicklung der Kinder in Bezug auf ihre Lebenswelt und ihre Familie, bezieht die Kindertageseinrichtung als zentralen Bildungsort ein und fördert von hier ausgehend eine partnerschaftliche Zusammenarbeit von Erzieherinnen und Müttern. Das Rucksackprogramm baut auf Griffbereit auf.

Die Mütter treffen sich in einer Müttergruppe in der Kindertageseinrichtung, die ihre Kinder besuchen. Sie werden durch Elternnachmittage über die Müttergruppe und das Rucksackprogramm informiert und zur Mitarbeit gewonnen. Das Ziel des Programms ist es, die Mütter bei ihrer Erziehungsarbeit zu unterstützen, sie mit den Zielen und Inhalten der Elementarerziehung vertraut zu machen und sie anzuleiten, wie man Sprache und die allgemeine Entwicklung im Kleinkindalter durch Spiel und Anregung fördert. Nach dem Rucksackprogramm werden die Müttergruppen von Elternbegleiterinnen geleitet (Breitkopf & Schweitzer, 2005).

Die Elternbegleiterin
Die Elternbegleiterin kann aus dem Kreis der Mütter in der Kindertageseinrichtung ausgesucht werden oder eine ausgebildete Fachkraft mit Migrationshintergrund sein, die sowohl eine Herkunftssprache als auch die deutsche Sprache gut beherrscht.

Bei der Auswahl einer Mutter als Elternbegleiterin sollen folgende Kriterien erfüllt werden:
- Sie soll ihre Muttersprache und Deutsch gut beherrschen,

- ihr Kind soll möglichst die Tageseinrichtung besuchen,
- sie soll Kenntnisse über den Stadtteil haben und
- selbst an den Aktivitäten der Einrichtung teilnehmen.

Qualifizierung der Elternbegleiterinnen
In der Regel haben die Elternbegleiterinnen keine pädagogische Ausbildung. Zur Vorbereitung auf ihre Aufgaben und dazu begleitend werden sie qualifiziert. Während der Qualifikation lernen die Elternbegleiterinnen, mit dem pädagogischen Elternbildungsmaterial – dem Rucksackmaterial – zu arbeiten. Neben der konkreten Anleitung zur Sprach- und Sprechförderung haben sie die Möglichkeit, sich untereinander auszutauschen und über eigene Erfahrungen in den Gruppen zu berichten.

Die Rucksackgruppe
Die Elternbegleiterinnen leiten jeweils eine Gruppe von sechs bis zehn Müttern, die sich zwei Stunden wöchentlich, meist vormittags, in der Tageseinrichtung treffen, die ihre Kinder besuchen. Bei Bedarf wird eine Kinderbetreuung für die jüngeren Geschwisterkinder organisiert, damit die Mütter ungestört an der Gruppe teilnehmen können.

Die Elternbegleiterinnen vermitteln auf der Grundlage des Rucksackmaterials Ideen und Anregungen an die Mütter in den Gruppen, wie sie ihre Kinder spielerisch fördern können. Sie arbeiten ca. vier bis sechs Stunden wöchentlich auf Honorarbasis. Die finanzielle Honorierung ist sowohl als Wertschätzung ihrer Arbeit als auch für ihre Motivation entscheidend.

Das Rucksackmaterial
Das pädagogische Rucksackmaterial *(Elternmaterial und Übungsmaterial für die Kinder)* wurde 2007 weiterentwickelt, neu gestaltet und ist in den Sprachen Deutsch, Türkisch, Arabisch, Italienisch, Serbisch, Kroatisch und Russisch vorhanden. Es enthält vielfältige Anregungen und Ideen für Eltern, die emotionale, kognitive und soziale Entwicklung ihrer Kinder zu fördern.

Der Rucksack besteht aus zwölf Themenblöcken, die auch im Alltag der Kinder eine große Rolle spielen. Von der Familie über das Spielen bis hin zum menschlichen Körper gibt es zu jedem Thema Materialien wie Spiele, Lieder, Geschichten, Bastelideen, Puzzles, Aktivitäten.

Jedes Thema erstreckt sich über drei Wochen. Für jeden Tag wird eine Aktivität mit dem Kind angeboten, die die Mütter mit ihren Kindern in der Muttersprache durchführen. Die „Aufgaben" dauern in der Regel 15 bis

20 Minuten. So können die Mütter ihren Kindern zu Hause ein Bilderbuch vorlesen, während die Erzieherin in den Kindertageseinrichtungen dasselbe Buch auf Deutsch vorliest. Die Mütter werden angeregt, Gesprächsanlässe zu nutzen, ihren Kindern beim Einkaufen bewusst die Namen der Lebensmittel zu nennen, oder sich beim Wäscheaufhängen von den Kindern die farbigen Klammern reichen zu lassen, oder über das gemeinsame Anschauen von Familienfotos ins Gespräch zu kommen.

Im Vordergrund stehen immer das sprachliche Begleiten jeder Aktivität im Alltag sowie die Eltern-Kind-Interaktion. Die Mütter – aber auch Väter –, die sich an den Aktivitäten und Spielen zu Hause beteiligen, erfahren dabei den Wert von Büchern und den Sinn von Spielen als Lernmöglichkeiten für ihre Kinder und für sich selbst.

Die Materialien des Rucksackprogramms sind keine Arbeitsmaterialien für Erzieherinnen, können aber als Anregung für sie dienen, ihre Sprachförderangebote für die Kinder situationsorientiert zu parallelisieren.

Die Müttergruppen können von ihrer Zusammensetzung her homogen, d.h. ausschließlich mit Müttern einer Sprachgruppe, besetzt sein. Die meisten Gruppen sind aber heterogen, d.h. es nehmen Mütter verschiedener Herkunft und Sprachen an den Gruppen teil. Das erfordert eine andere Vorgehensweise. Es wird in der Gruppe Deutsch gesprochen, gegebenenfalls übersetzen die Mütter untereinander. Das Zusammenfinden von Frauen unterschiedlicher Sprachen und Herkunft fördert das interkulturelle Lernen innerhalb der Gruppe.

Mit der Durchführung der Aktivitäten zu Hause in der Muttersprache wird bei der Sprachförderung an die Sprachkompetenzen und Kommunikationsgewohnheiten der Mütter angeknüpft. Zugleich erleben Mütter und Kinder die Wertschätzung und Förderung ihrer eigenen Sprache. Wenn eine Mutter selbst nicht gut Deutsch kann, macht es keinen Sinn, sie aufzufordern, mit ihrem Kind Deutsch zu sprechen. Stattdessen ist es wichtig, ihr den Wert des Deutschlernens erfahrbar zu machen, indem sie in der Gruppe mehrsprachige Kommunikation positiv erlebt und über den Wert der eigenen nichtdeutschen Familiensprache hinaus auch das Erlernen der deutschen Sprache als nützlich wahrnimmt. Neben den konkreten Anleitungen und Anregungen zur Sprach- und Sprechförderung, die sie den Müttern aus der Gruppe vermitteln, werden auch Erziehungsthemen und Fragen zur allgemeinen kindlichen Entwicklung, wie z.B. Umgang mit Medien, Bedeutung des Spiels für Kinder, besprochen.

Sprachförderung in Deutsch
Parallel erfolgt in der Kindertageseinrichtung die Sprachförderung in Deutsch. Zu diesem Zweck ist ein *Handbuch für Erzieherinnen*[1] entwickelt worden, das sich auf das Elternmaterial bezieht und konkrete Vorschläge für die Förderung von Deutsch als Zweitsprache beinhaltet.

Zusammenarbeit mit der Kindertageseinrichtung
Die Mitarbeiterinnen der Kindertageseinrichtung tauschen sich regelmäßig mit der Elternbegleiterin aus.

Elternbegleiterinnen übernehmen fachliche Aufgaben in der Arbeit der Einrichtung. Sie beraten bei Fragen zur Kultur, gestalten Feste mit, übersetzen Elterninformationen, lesen zweisprachig vor und begleiten bei Elterngesprächen. Die Elternbegleiterin wirkt als Mittlerin zwischen Eltern und Kindertageseinrichtung.

4.3 Fazit

Rucksack und Griffbereit sind erfolgreich, weil sie nachhaltig wirken. Sie fördern die Kinder parallel in zwei Sprachen und beziehen sehr gezielt die Eltern ein, indem sie sie für die Zweitsprachförderung fit machen und die Elternbildung gleichzeitig mit der Sprachförderung in der Bildungseinrichtung verzahnen. Sie beziehen die Eltern – vorrangig Mütter – mit ein, die sich über die Programme besser in den Bildungsprozess integrieren können und sich mit dem deutschen Bildungssystem frühzeitig vertraut machen. Es sind Ansätze, die die Ressourcen der Eltern in den Blick nehmen und die Stärkung von Eltern (und Kindern) in den Mittelpunkt stellen. Beide Programme sind besonders geeignet, sozial benachteiligten, aber bildungsmotivierten Gruppen den Zugang zum deutschen Bildungssystem zu verschaffen.

Die Stadt Essen hat in drei aufeinanderfolgenden Jahren eine Evaluation zum Rucksackprogramm durchgeführt. Sowohl die Fachkräfte der beteiligten Kindertageseinrichtungen, als auch die Mütter beurteilen das Rucksackprogramm äußerst positiv (Stadt Essen, 2008). Sie beschreiben Veränderungen sowohl im Verhältnis zur Tagesstätte als auch zu ihrem Kind und innerhalb der Familie. Die Kommunikation in der Familie ändert sich, die Frauen werden selbstbewusster. Mütter üben eine Vorbildfunktion für ihre Kinder aus, insbesondere wenn sie selbst durch das Programm zum Besuch eines Deutschkurses motiviert werden. Die Familien erfahren, dass

---

1   Das Handbuch für Erzieherinnen wird Anfang 2009 veröffentlicht

die Institution ihre Kinder fördert und unterstützt, und sie selbst auch einen Beitrag dazu leisten.

Zusammenfassend tragen folgende Faktoren zum Erfolg des Programms bei (ebd.):
- Es findet in einer wohnortnahen, den Eltern bekannten und vertrauten Einrichtung statt;
- die Inhalte sind den Bedürfnissen der Mütter und Kinder angepasst;
- es ist ein niederschwelliges Angebot;
- die Bedeutung der Erstsprache wird anerkannt;
- Mütter/Eltern sind Partner/-innen;
- die Mütter können eigene Erfahrungen einbringen und
- sich mit anderen über Erziehungsfragen verständigen;
- die Elternbegleiterin ist eine Identifikationsfigur;
- die Materialien sind ansprechend und die Übungen zeitlich gut realisierbar;
- das soziale Miteinander unter den Teilnehmerinnen wird gefördert;
- die Haltung den Eltern gegenüber ist wertschätzend und anerkennend;
- die Begegnung mit den Erzieherinnen wird erleichtert;
- die Wirkung und der Nutzen der Teilnahme wird unmittelbar erfahren.

Zertifizierung
Das Rucksackprogramm ist mittlerweile bundesweit in zahlreichen Regionen verbreitet und auch in Österreich sind inzwischen Gruppen eingerichtet.

In der Praxis sind eine Reihe von unterschiedlichen Anwendungsvarianten entstanden, die es ermöglichen, auf die Bedarfe vor Ort eingehen zu können. Diese Vielfalt soll auch weiterhin möglich sein.

Um eine kontinuierliche Qualitätsentwicklung, einheitliche Leistungsmerkmale und das Qualitätsniveau der Programme Rucksack und Griffbereit sicherzustellen, wurde ein Zertifizierungsverfahren entwickelt. Die Pilotphase des Zertifizierungsverfahrens für das Rucksackprogramm findet von Herbst 2008 bis Frühjahr 2009 statt.

Auskünfte und Fortbildungen für beide Programme können bei der Hauptstelle der RAA angefragt werden. Weitere Informationen sind unter www.rucksack-griffbereit.raa.de zu finden.

Literatur

Becker-Textor, I. (1992). Elternarbeit im Kindergarten. In: Textor, Martin R. (Hrsg.): *Hilfen für Familien.* Ein Handbuch für psychosoziale Berufe (238–254). Frankfurt/Main: Beltz.

Breitkopf, T.; Schweitzer, H. (2005). Elternbildung und interkulturelle Sprachförderung – Stadtteilmütterprojekt. In: Tschöpe-Scheffler, S. (Hrsg.): *Konzepte der Elternbildung – eine kritische Übersicht.* Opladen: Budrich.

Bundesministerium für Familien, Senioren, Frauen und Jugend (BMFSFJ) (1990). *Sozialgesetzbuch (SGB) – Achtes Buch (VIII) – Kinder- und Jugendhilfe.* Download: http://www.gesetze-im-internet.de/bundesrecht/sgb_8/gesamt.pdf [24.01.2009].

Hauptstelle RAA NRW (2006). *Elternnetzwerk Nordrhein-Westfalen, Integration miteinander.* DVD. Essen.

Henry-Huthmacher, C.; Borchard, M. (Hrsg.) (2008). *Eltern unter Druck – Selbstverständnisse, Befindlichkeiten und Bedürfnisse von Eltern in verschiedenen Lebenswelten.* Eine sozialwissenschaftliche Untersuchung von Sinus-Sociovision im Auftrag der Konrad-Adenauer-Stiftung e.V., Berlin: Lucius & Lucius.

Hermanns, J. (2001). Der indirekte Weg. In: Stadt Essen (Hrsg.): *Dokumentation der Tagung „Mehrsprachigkeit und interkulturelle Elternbildung im Elementarbereich in Europa" vom 09./10.11.2000 in Essen.* Essen.

Kemper, M.; Lieverscheidt, H. (2003). „Zu wissen, dass wir zählen" – Teamberatung zur interkulturellen Pädagogik in Essener Kindertageseinrichtungen. *Themenzentrierte Interaktion, 1/2003,* 42–60.

Michalak, M. (2008). Kooperation mit Migranteneltern. *klein & groß,* Heft 04/2008, 24–27.

Ministerium für Schule, Jugend und Kinder des Landes Nordrhein-Westfalen (MSJK) (2003). *Bildungsvereinbarung NRW.* Download: http://www.callnrw.de/php/lettershop/download/865/download.pdf [24.01.2009].

Ministerium für Schule und Weiterbildung, Wissenschaft und Forschung des Landes Nordrhein-Westfalen (MSWWF) (2000). *Weiterbildungsgesetz (WbG).* Neufassung vom 14.04.2000. Download: http://www.bildung.koeln.de/imperia/md/content/materialienlrnk/wbg.pdf [24.01.2009].

Nordrhein-Westfalen (NRW) (2007). *Gesetz zur frühen Bildung und Förderung von Kindern.* Gesetz- und Verordnungsblatt. Heftnummer 25. Download. http://www.mgffi.nrw.de/pdf/kinder-jugend/KiBiz_Volltext.pdf [24.01.2009].

Springer-Geldmacher, M. (2005a). Rucksack-Projekt – Ein Konzept zur Sprachförderung und Elternbildung im Elementarbereich. In: Hauptstelle RAA NRW (Hrsg). *RAA in NRW. 25 Jahre interkulturelle Kompetenz.* Essen.

Springer-Geldmacher, M. (2005b). Mit ‚Griffbereit' fit für die Zukunft: zugewanderte Mütter stärken ihre Kinder. In: Hauptstelle RAA NRW (Hrsg). *RAA in NRW. 25 Jahre interkulturelle Kompetenz.* Essen.

Stadt Essen (Hrsg.) (2004). *Stadtteilmütter-Projekt. Abschlussbericht und Evaluation.* RAA/Büro für interkulturelle Arbeit (Hrsg). Essen.

Stadt Essen (2008). *Evaluation des Programms „Interkulturelle Sprachförderung und Elternbildung im Elementarbereich*. RAA/Büro für interkulturelle Arbeit (Hrsg). Essen.

Tanris Breitkopf

(geboren in der Türkei) Dipl. Sozialarbeiterin, Dipl. Pädagogin. Seit 1983 bei der Stadt Essen in Aufgabenfeldern der interkulturellen Arbeit (Konzeptentwicklung, Beratung und Fortbildung von Migranten und Migrantenselbstorganisationen, Ämtern und Institutionen; Projektmanagement, Multiplikatorenschulungen) tätig, in den letzten Jahren insbesondere in dem Schwerpunkt „Interkulturelle Sprachförderung und Elternbildung im Elementarbereich".

Kinder bilden Sprache – Sprache bildet Kinder

Kongress zur Sprachentwicklung und Sprachförderung in allen Bildungsbereichen der Kindertagesstätten

am 04. November 2008 in Recklinghausen

Ablauf

ab 09.00	Begrüßungskaffee
09.30	**Begrüßung** Wolfgang Pantförder, Bürgermeister der Stadt Recklinghausen
09.45	**„Bildungschancen und Teilhabe für alle"** Armin Laschet, Minister für Generationen, Familie, Frauen und Integration des Landes Nordrhein-Westfalen
10.15	**„Kinder – Sprache/n stärken!"** Dr. Karin Jampert, Deutsches Jugendinstitut
11.00	Pause
11.30	Kongressvorträge (zeitgleich)

Sprache – Sprachförderung – Sprachförderkompetenz
Prof. Dr. Lilian Fried, Technische Universität Dortmund

Sprache und Bewegung
Prof. Dr. Renate Zimmer, Universität Osnabrück

Sprache im Übergang Kita Grundschule
Prof. Dr. Petra Hanke, Universität Münster

Sprache und Musik
Gisela Eibeck und Christoph Lorentz, Landesverband der Musikschulen

13.00	Mittagspause
14.00	Kongressvorträge (zeitgleich)

Sprache und Naturwissenschaft
Prof. Dr. Gisela Lück, Universität Bielefeld

Sprache und kreatives Gestalten
Prof. Dr. Daniela Braun, Fachhochschule Koblenz

Sprachförderung in allen Bildungsbereichen
Dr. Karin Jampert und Anne Zehnbauer, Deutsches Jugendinstitut

Bedeutung der Elternarbeit im Hinblick auf sprachliche Förderung im Elternhaus
Tanris Breitkopf, RAA/Büro für interkulturelle Arbeit der Stadt Essen

15.30	Pause
16.00	**Abschlussplenum mit Podiumsdiskussion** Staatssekretär Günter Winands, Ministerium für Schule und Weiterbildung des Landes Nordrhein-Westfalen; Staatssekretärin Dr. Marion Gierden-Jülich, Ministerium für Generationen, Familie, Frauen und Integration des Landes Nordrhein-Westfalen; Verena Göppert, Städtetag Nordrhein-Westfalen; Franz-Josef Kessmann, LAG der Freien Wohlfahrtspflege Nordrhein-Westfalen
17.00	Ende der Veranstaltung

Tagesmoderation: Klaus Bellmund, Journalist

Diese Druckschrift wird im Rahmen der Öffentlichkeitsarbeit der Landesregierung Nordrhein-Westfalen herausgegeben. Sie darf weder von Parteien noch von Wahlwerbern oder Wahlhelfern während eines Wahlkampfes zum Zwecke der Wahlwerbung verwendet werden. Dies gilt für Landtags-, Bundestags- und Kommunalwahlen sowie auch für die Wahl der Mitglieder des Europäischen Parlaments.

Missbräuchlich ist insbesondere die Verteilung auf Wahlveranstaltungen, an Informationsständen der Parteien sowie das Einlegen, Aufdrucken oder Aufkleben parteipolitischer Informationen oder Werbemittel. Untersagt ist gleichfalls die Weitergabe an Dritte zum Zwecke der Wahlwerbung.

Eine Verwendung dieser Druckschrift durch Parteien oder sie unterstützende Organisationen ausschließlich zur Unterrichtung ihrer eigenen Mitglieder bleibt hiervon unberührt. Unabhängig davon, wann, auf welchem Wege und in welcher Anzahl diese Schrift dem Empfänger zugegangen ist, darf sie auch ohne zeitlichen Bezug zu einer bevorstehenden Wahl nicht in einer Weise verwendet werden, die als Parteinahme der Landesregierung zugunsten einzelner politischer Gruppen verstanden werden könnte.